5キロ痩せたら100万円

「健康」は最高の節約

荻原博子
Ogiwara Hiroko

PHP新書

おしらせ

次ページから始まる「はじめに」には、私にふりかかった、とある「悲劇」と実体験を記しています。
少々長いエピソードになるので、興味のない方は読み飛ばしていただいても構いません。

ただし、本書を理解するうえでも、タイトルの「5キロ痩《や》せたら100万円」をめざすうえでも、ポイントとなる内容が書かれていますので、お時間のある方はご一読いただけたら幸いです。

経済ジャーナリスト　荻原博子

はじめに

「寿命が縮まる」という危機感で、人生が変わる

「痛いっ！」

椅子《いす》から立ち上がろうとした矢先のことです。

腰に激痛が走り、思わず悲鳴をあげました。

大きなハンマーで殴《なぐ》りつけられたような痛みが走って、腰から足の爪先《つまさき》まで耐え難いほどの強力な電流が流れたようになり、しばらく立ち上がれませんでした。

それは、生まれて初めて経験した、正体不明の「激痛」でした。

痛む足を引きずりながら急いで医者に行くと、医者は「よくいる患者だ」と言わ

んばかりに、「症状から見て、坐骨《ざこつ》神経痛のようですね」と同情のかけらもない口ぶり。私のような患者は、珍しくないのでしょう。

レントゲンを見せながら、医者はこう続けます。

「まだ初期段階ですね。過度な運動や、同じ姿勢での長時間のデスクワークなどが原因で腰痛に至るのは珍しくない。しかも、荻原さんの場合、それだけでなく、『太りすぎ』も原因のひとつだと思います。もう少し痩《や》せないと、腰だけでなく、そのうち体のいたるところが痛んできますよ」

これまで、1日8時間くらいパソコンに向かって原稿を書いていることがざらにあり、原稿の締め切りに追われると、10時間から12時間パソコンの前に座りっぱなしということも。

原稿の締め切りがなくても、送られてくるメールを見たり、誰かにメールを送ったり、知り合いとチャットをしたり、パソコンで映画を見たり……。そう、ほとんど毎日、必ずパソコンの前に座っていました。

運動は、早朝の犬たちとの散歩くらいで、仕事の合間に軽いストレッチなどをして体をほぐせばいいのだけれど、面倒なのでやらない。

そんな生活を、68歳になるまで延々と続けてきたのですから、知らないうちに体に無理が生じ、「積もり積もって体に支障が出てきた」という医者の言葉には素直に納得させられました。

しかも、私の場合には、体重の増加まで加わっている。これでは、腰が悲鳴をあげるのはもっともなこと。このままだと、腰だけでなく体のいたるところに痛みが出るというのです。

☑ おやつという名の「魔物」

原稿を書くというのは、それほど体に負担のない「ラクな労働」のように思われるかもしれません。

たしかに、身体的な疲労を伴う仕事ではありませんが、長時間続けていると、頭が回らなくなったり、行き詰まったりする。そうなると、私の場合にはなんとなく口寂しくなって、気分転換に「おやつ」を食べてしまう。そう、おやつという名の「魔物」と、長い間付き合ってきたのです。

人間が甘くできているせいか、「頭の回転をスムーズにするには、甘いものは欠かせない」などと、自分に言い訳しながら。

さらに、原稿を一本書き上げると、〝頑張った自分にご褒美《ほうび》〟ということで、またまた甘いものを口に入れる。

しかも、それだけおやつを食べながら、夕食はしっかり食べ、さらには「ストレス発散」などと言い訳しながら、夕食時には必ずお酒を飲む。

こんな生活を長年続けてきたのですから、太らないわけがありません。

5キロ痩せれば、寿命が1年延びる⁉

このままだと大変なことになると脅《おど》された後、医者に、こんなことも言われました。

「荻原さんの場合、10キロくらいは体重を減らしたほうがいいですが、いきなり10キロというのは体にも影響が大きいので、とりあえず、5キロ痩せましょう。5キロ痩せれば、それだけで寿命が1年は延びますよ」

本当だろうか？　と思い調べてみると、2016年7月にイギリスの研究者チームが45年にわたり世界32ヶ国で実施された239の調査をもとに1060万人以上のデータを分析した、ランセット・メディカル・ジャーナル誌に掲載された記事を見つけました。

これによると、米国では平均寿命よりも早く死亡する人の5人に1人は太りすぎで、欧州ではこの割合が7人に1人だというのです。英ケンブリッジ大学のエマニュエル・ディ・アンジェラントニオ氏は「**平均的に、体重過多の人の寿命は平均寿命よりも1年ほど短く、やや肥満の人は約3年短い**」と言っていて、これは私にもあてはまりそうです。

命をお金に換算するというのは不謹慎《ふきんしん》だとお叱《しか》りを受けるかもしれませんが、私の場合、年金を70歳から受給しようと思い、繰り下げています

詳しくは拙著『年金だけでも暮らせます』に記していますが、国民年金は、もらうのを1ヶ月先延ばしにするごとに支給額が0・7%ずつ増額され、70歳からもらうと、65歳からもらうのに比べて、42%増額されるからです。

仮に、65歳からもらえる年金が月額6万円の場合、これを70歳まで繰り下げれば月額8万5200円になります。

しかし年金の支給は、死んだらそこで終わり。

ですから、もし70歳で年金をもらい始めてから寿命が1年延びたら、もらえる年

金は、100万円増えることになります。

つまり、私の場合、「5キロ痩せたら100万円」。こう考えたら、痩せることへのモチベーションがグンと上がりました。

さらに、様々な文献を調べているうちに、痩せると寿命が延びるだけでなく、私のように太りすぎの人間には、それ以上の大きなメリットがいっぱいあることもわかってきました。

太ると腰痛リスクはどんどん上がる

なぜ、痩せると堪《た》え難《がた》い腰痛が改善されるのでしょうか。これもネットでいろいろ調べてみると、それを裏付けるような記事をいくつか見つけました。

山形大学大学院医学系研究科の研究グループが2022年9月に発表した、「反実仮想モデル」という手法を用いて肥満と腰痛リスクについて検証したデータがあります。

これは、6年間追跡調査した英国の大規模データ計6868人を対象に仮想データと実際のデータを比較し、4年間のBMI（体重［キロ］を身長［メートル］の二乗で割った数値、ボディマス数値）を任意の範囲で仮想的に増減させ、6年後の腰痛リスクがどうなるのかを検証したものです。

結果は、BMIが4年間で5％増加すると、6年後の腰痛の発症リスクは11％（握力の弱い人は17％！）も高くなるという。

難しくて、正直どういう計算でこんな結果が導かれるのかよくわからないけれど、結果から見れば、4年で10キロくらい体重が増えると、6年後の腰痛の発症リスクが約1割上がる、といったところでしょうか。

さらに、肥満と腰痛の関係について調べてみると、「肥満は腰の大敵」とよく言われる理由は、体重が重くなるぶん、体を支える腰の筋肉に負担がかかり、姿勢が悪くなって腰に負担がかかるからだそうです。

たとえば、3キロの体重の増加で腹囲が3センチ増えた場合、体を支えようとして重心が前に傾きます。するとバランスを取るために姿勢が後ろに反《そ》り気味になり、腰に負担がかかる。この負担が蓄積した結果、腰の激痛につながるそうです。

先生が、「太りすぎで、腰が悲鳴をあげていますよ。痩せなさい」とアドバイスしてくれた理由がよくわかりました。

そして、「たかが腰の痛みと思うかもしれないけれど、そのままにしておくと悪化して、ついには座れなくなったり、下半身を動かせなくなって車椅子生活にもなりかねない。坐骨神経痛は怖い病気ですから、放っておいちゃいけません」という忠告を思い出し、青くなったのです。

☑ 鍼《はり》で20キロ痩せた過去

じつは、以前にも、太りすぎで体を壊したことがありました。

50代に入ったばかりのことです。いきなり心臓がバクバクし、暑い日でもないのに汗がダラダラ出てきて止まりませんでした。急いで病院に行くと、「閉経に伴う更年期障害」だと言われました。

それだけでなく、「荻原さんの場合は太りすぎなので、このままだと生活習慣病から動脈硬化、糖尿病にまで発展し、歩けなくなったり失明したりする恐れがあります」と脅され、その言葉に震えあがって痩せる決心をしたことがあるのです。

友人に相談すると、劇的に痩せられると評判の中国鍼の先生を紹介してくれました。彼女は、その先生のところに通い、10キロ痩せたという経験の持ち主でした。

その先生は、マッサージで体の血行を良くし、鍼で体の自律神経を整え、断食《だんじき》して痩せる、という方式で施術を行なっていました。

初めての鍼は怖かったのですが、痩せられずに病気になるほうがより怖かったので、まな板の上の鯉《こい》になったような気持ちで黙って施術台に上がりました。

施術が終わり、ほっとしたのもつかの間、先生から「はい、これから3日間断食ね」と言い渡されました。

言われるまま何も食べなかったのですが、体がフラフラしてきて「このままだと、死にそうです！」と訴えると、先生は、私の脇腹をつまんで、「死ぬわけないでしょう、こんなに栄養を蓄えているのに。これが全部なくなったら、死ぬかもしれないけどね」と微笑《ほほえ》みました。

その言葉に妙に納得して2日ほど我慢して3日間が過ぎると、体がこの状況に慣れてきたのか、その後はほんの少しの食事だけで、普通に生活できるようになりました。

結果、なんと3ヶ月で約20キロも激痩せしたのです。と同時に、それまでの辛《つら》かった更年期の様々な症状も、嘘《うそ》のように消えました。

体が軽くなったように感じただけでなく、既製服のMサイズが着られるようになり、洋服などへの出費も大幅に減らせました。

もし、当時の体重をずっと維持できていたら、今のような症状にはならなかったはずです。

ただ、生来が「のど元過ぎれば熱さを忘れる」タイプ。いつの間にか食べたり飲んだりし放題の生活に戻り、せっかく痩せたのにまた太ってしまいました。

「お酒をやめたら、背中に羽が生えてくるのよ」

ここで長々と昔のダイエット話を披露したのには、理由があります。

今回病院に行き、「痩せなさい」と言われて「どうやって、ダイエットしようか」と考えた時に、真っ先に頭に浮かんだのは、以前のように鍼に通うという選択でした。

けれど、そのためには、またあの辛い断食をしなくてはならない。

じつは、太り始めてからも、何度か鍼の先生のところに通いました。けれど、そのたびに一週間くらいで挫折《ざせつ》していました。根性も、歳とともにすり減っていくのだということを痛感し、今の私にはとても続けられない気がしました。

そもそも、暴飲暴食の生活習慣を続けてここまで太ってしまったのだから、その習慣を改めない限り、無理なダイエットをしてもまたリバウンドしてしまう。

そこで、これからの長い老後を考えて生活習慣を改善しながら、無理なく体重を減らせる方法を模索することにしました。

じつは、腰痛で医者に駆け込む3ヶ月前から、私は、あれほど好きだった「お酒」をやめていました。

私の友人に、私と肩を並べる飲兵衛《のんべえ》がいたのですが、その彼女が、ある日ピタッとお酒をやめました。理由を聞くと、「お酒をやめたら、背中に羽が生えてくるのよ」と言うのです。これは彼女独特の表現で、お酒をやめたら気分が爽快《そうかい》になったということ。

「あなたも、お酒をやめたら？　空、飛べるようになるよ」と言うので、ホンマかいなと半信半疑のまま、その日は私もお酒を飲まないで寝たのですが、まさかと思うくらいにぐっすり眠れ、翌日、まるで羽が生えたように気分が爽快でした。

「お酒かドラマか」の選択が節約生活のきっかけに

大人になってから、私がお酒を一滴も飲まなかったのは、子供を出産する前後の2年間だけ。それ以外は、体調が悪いなどの理由がなければ、ほとんど毎晩のようにお酒を飲んでいました。お酒を飲まないと、よく眠れないと思い込んでいたのです。

ですから、自分にお酒がやめられるとは思いもしませんでした。

そんな私が、お酒を飲むのをやめられたのは、彼女の「背中に羽が生えてくる」という言葉が、天使の一言となり、心をくすぐったからです。

ただ、生活習慣を変えるというのは大変なことで、最初の3日間は、夜になるとお酒を飲みたいという誘惑に駆られて負けそうになりました。

その時に決めたのは、「お酒を飲むか、好きなドラマを見るかのどちらかにしよう」ということ。

それまで、好きなドラマを見ながらダラダラとお酒を飲むということが習慣になっていたのですが、「どちらかにしよう」と決めた時、私はドラマを見るほうを選びました。

それを家族に宣言し、夕食が終わるとさっさと自分の部屋に行って、ドラマを見ることにしたのです。そして、お酒の代わりに「りんご黒酢」を薄めて飲むようにしました（以前から愛飲していた鹿児島の坂元《さかもと》醸造の「天寿りんご黒酢」を6本まとめて購入し、目につくところに置いています）。

そうやって3日間をなんとか過ごすと、1週間やめてみようという気になり、それが10日間、20日間になって、いつのまにかほとんどお酒を飲まなくても平気な体質になってきました。

「夕飯の時は、お酒の代わりにお茶を飲む」

「ドラマを見るなら、りんご黒酢を炭酸で割って飲む」

そういった「マイ・ルール」に従い、お酒を飲まない生活を続けて気付いたことがあります。

驚くほどお金が貯まる

ということです。

おつまみも含めて1日500円を酒代に使わなければ、1ヶ月で1万5000円。1年間だと18万円の節約になります。元来の飲兵衛だった私も、これには驚き、断酒を続ける励みとなりました。

私でも続けられた、3つのシンプルなルール

十数年前のダイエット経験で身をもって知ったのは、「食べれば太る、食べなければ痩せる」というシンプルなこと。

そして、断酒の「ルールづくり」の経験を、ダイエットでも活かすことにしました。今回のダイエットでは、3つのルールを決めました。

1 夕食は夜8時までに食べ終わり、翌朝10時までは、何も食べない。お昼は、軽めに済ませる
2 野菜を中心に摂《と》り、主食は玄米にする
3 なるべく、間食はしない

「なるべく」としたのは、どうしてもちょっとは間食をしたくなりそうだからで

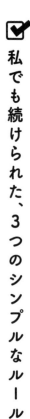

す。「絶対にダメ」ということにしてしまうと、私の場合そこで挫折して、後が続かなくなりそうだったからです。ちょっと間食してしまった時には、そこで反省し、気をとりなおして、また間食をやめる努力をする、ということです。

本気で痩せようとしている人には、ややゆるいルールに思えるかもしれません。ただ、私だけでなく主人もダイエットが必要な状況だったので、2人で取り組めて長続きしそうなルールにしたのです。

これを続けて1ヶ月、体重は2キロほど減りました。もちろん、2キロというのは誤差の範囲内だと笑われてしまうかもしれませんが、本書が発刊される頃には、5キロは痩せているはずです。それを目標に、今ダイエットを頑張っています。


食事と生活習慣を改善して1ヶ月。驚いたのは、1年前と比べて健康診断の数値が、驚くほど良くなったこと。血液検査の結果を見ると、悪い数値がほとんど見当たらなくなっていました。

さらに、1年前は最高血圧が190mmHg、最低血圧が100mmHgで、医者からは、薬を飲んで下げなくてはいけないと言われる危険水域にありましたが、現在は最高血圧が150mmHg、最低血圧が80mmHgくらいにまで下がっています。

それでも、まだ正常とは言えない数値ですが、先生は「薬を飲まずにこれだけ下がってきたので、このまま少し様子を見てみましょう」と言ってくださいました。

めざすは「お金と体のダイエット」

ここまで、長々と私のダイエット話にお付き合いいただきありがとうございます。本書はもちろん、体重を減らすことだけを目的とした「ダイエット書」ではありません。

あなたの老後、そして家計を助ける「**お金と体のダイエット（節約）書**」です。

本編では、肥満が原因で病気になったら、どれほど医療費がかかるかという、恐ろしいデータを紹介します。

さらに、そうならないためにはどうすればいいのか。ダイエットを利用した節約術から、医療費を減らすひと工夫、ふた工夫まで、「誰でも、すぐに、簡単にできる」おサイフに優しい、有益な情報をお届けします。

断言しましょう。

「健康」こそ最大の節約です。

健康で長生きできれば、医療費も少なくて済みます。

「節約はガマン、辛いもの」と思いがちですが、健康を維持できれば、生き生きとした生活ができるし、結果として医療費を抑えることができるので、老後を安心して過ごせます。

「お金が貯まらない！」「老後資金がない！」と嘆く前に、本書の内容を実践してみてください。

5キロ痩せたら100万円　目次

第1章 メタボ改善が、家計費を助ける！
知っておきたい「健康と医療費の怖い関係」

第2章 お金を貯めたければ、歩きなさい！

歩けば歩くほどお得になるすごいサービス

得するサービス②

第3章 健康なら、入るべき保険はこれだけ！

「得する保険」「損する保険」の見分け方

第4章 「公的保険」を知れば、医療費は抑えられる!

「孫子の兵法」に学ぶ超・節約術

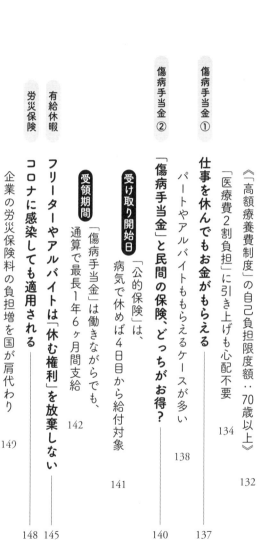

第5章 薬代はとことん減らせ！

荻原流・とっておき節約術ベスト10

本書で紹介したデータや制度等に関する情報は、2022年12月時点のものであり、変更になる場合があります。

本文図版：桜井勝志（アミークス）

第1章

メタボ改善が、家計費を助ける！

知っておきたい「健康と医療費の怖い関係」

高額な医療費

太っている人は、やっぱり医療費がかかる

皆さんに質問です。**太っている人と太っていない人、体型によって年間にかかる医療費はどれくらい変わるのでしょうか？**

2012年8月に、厚生労働省が、メタボ（メタボリックシンドローム）と判定された人は、そうでない人に比べてどれくらい医療費がかかるかという比較を発表しました（次ページの図1－1）。

この調査では、内臓脂肪型肥満の腹囲基準（男性85センチ以上、女性90センチ以上）に加え、脂質異常、高血圧、高血糖のうち2つ以上が重なった人を「メタボリックシンドローム」としています。

結果は想像どおりです。**メタボの該当者はもちろん、「メタボ予備軍」と言われ**

図1-1　メタボリックシンドローム該当者と非該当者の医療費の差

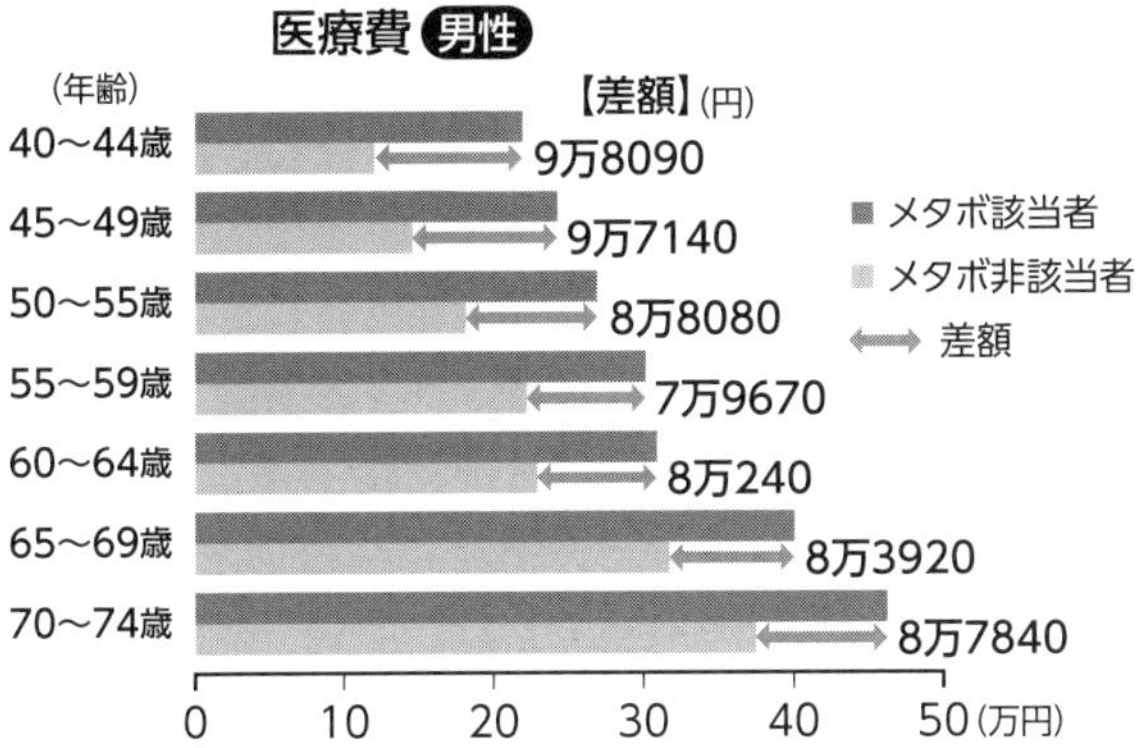

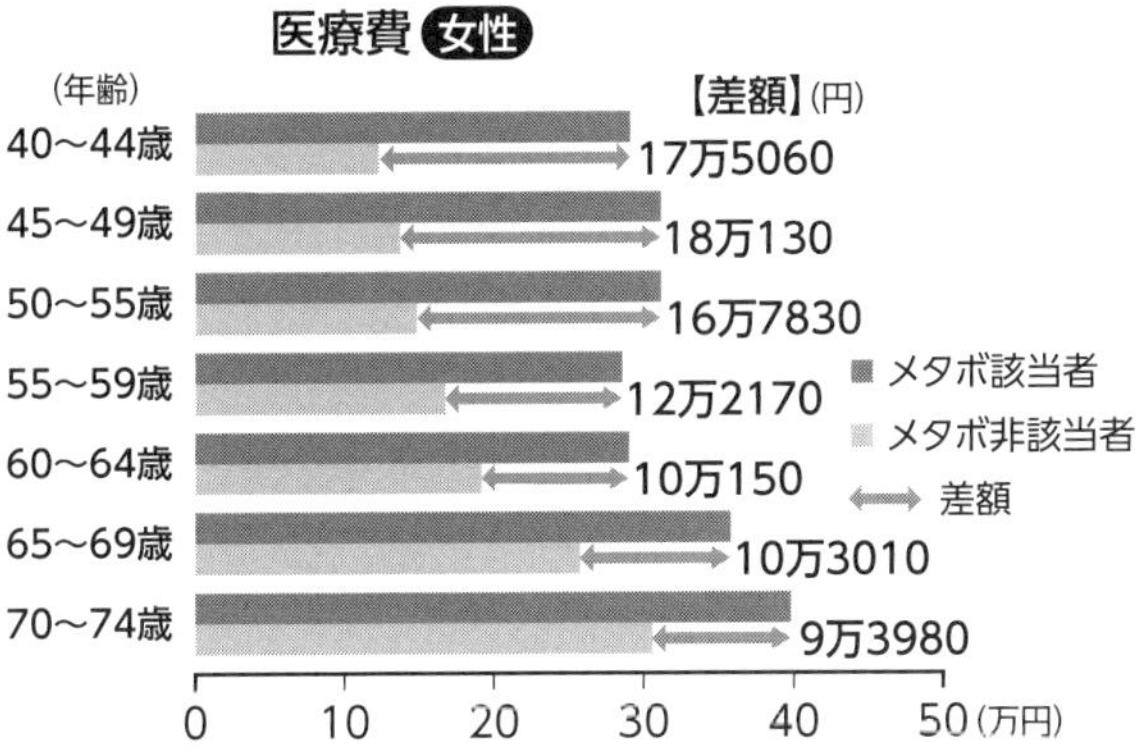

※特定健康診査の結果（2009年度）と2010年4月から2011年3月までに病院にかかった人の診療報酬明細書を付き合わせた約269万人のデータを性別、年齢別で付き合わせ、そこから年間にかかった平均医療費を算出

平成24年厚生労働省保険局調査課「医療費の見通しの推計方法について／メタボリックシンドローム該当者・予備群と年間平均医療点数の関係」をもとに作成

る人まで含めた方たちが年間に支払う医療費は、メタボではない方よりも、性別、年齢にかかわらず高くなっています。

医療費は、男女を問わず、年代が上がるに従って増えていきますが、男性の場合には、どの年代でも8万円~10万円弱、支払う医療費に差が出ています。メタボの人とそうではない人で医療費の差が最も大きいのは、男性だと40歳~44歳で、なんと9万8090円。**「働き盛り」と言われる男性がメタボになってしまうと、年間平均約10万円も多く医療費がかかってしまうのです。**

女性の場合には、男性に比べて40歳~55歳の医療費の差がかなり大きくなっています。40歳~44歳で年間17万5060円、45歳~49歳で年間18万1130円、50歳~55歳で年間16万7830円と、この年代は男性の約2倍です。

ただし、厚生労働省ではこの結果を、「女性の40歳から54歳は、そもそも集団の母数が少ないために、一部の医療費が高い人が平均値を押し上げている可能性がある」と指摘しているので、この数字をそのまま鵜呑《うの》みにするわけにはいかもしれません。

それにしても、男女ともに、メタボの人のほうがそうではない人に比べて医療費がかかる傾向にあると確実に言えるでしょう。

ちなみに、ここで挙げたのは診療報酬明細書（レセプト）から計算された金額です。実際に窓口で自己負担する医療費は、人によって1～3割負担になります。70歳未満の医療費負担の基本は3割なので、**男性ならメタボと非メタボでは、支払い金額は年間2万円～3万円、女性なら3万円～5万円の差ということです。**

節約ポイント

メタボにならなければ、1年間に3万円～5万円の医療費が節約できる！

糖尿病リスク

メタボより怖い「糖尿病」

「メタボは、非メタボより医療費がかかる」ということがわかったところで、さらに深刻な事実をお伝えしましょう。

メタボを放置すると発症しがちな「糖尿病」のリスクです。

医療経済研究機構の「政府管掌健康保険における医療費等に関する調査研究報告書・平成16年度」によれば、糖尿病患者1人当たりの平均的な医療費は年間24万7000円とのこと。**本人負担が3割のケースだと年間7万4100円です。**

ただしこれは糖尿病になると平均的にかかる医療費であり、**糖尿病が本当に怖いのは、この病気が様々な合併症を併発し、そのたびに医療費の負担が増えていくことです。**

「糖尿病＋合併症4つ」で医療費は2・5倍に⁉

糖尿病の3大合併症は、神経障害、網膜症、腎症《じんしょう》です。

神経障害は、主に末梢《まっしょう》神経と呼ばれている足の指など、体の末端に張り巡らされた神経で起きる障害で、足の裏がビリビリしたり、本来なら感じるはずの足の傷の痛みを感じなかったり、立ち上がった時にふらついたりするほか、自律神経の乱れから便秘になったりといった症状も起きます。

神経障害から血流障害がひどくなると、足が壊疽《えそ》して切断しなくてはならないケースも出てくるようです。

網膜症では、視力が低下したり、白内障《はくないしょう》、緑内障《りょくないしょう》、角膜《かくまく》の炎症などを引き起こす可能性があります。ひどいケースだと眼底出血や網膜剥離《もうまくはくり》が起こり、失明するこ

図1-2　糖尿病患者の医療費は、合併症の数が増えるほど高くなる

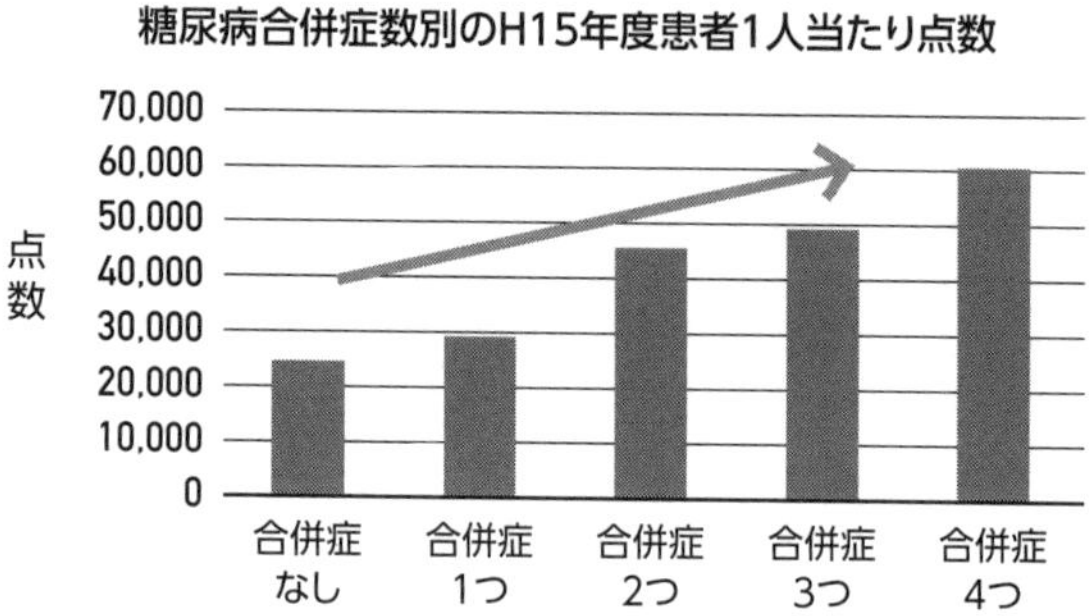

「政府管掌健康保険における医療費等に関する調査研究報告書・平成16年度」をもとに作成

とも。

　こうした状況が5～10年続くと腎症を発症します。これは「肝臓の障害」です。むくみや倦怠《けんたい》感、尿量の低下などが起こり、症状がさらに悪化すると人工透析《とうせき》が必要になる可能性もあります。

　さらに、動脈硬化による脳梗塞《のうこうそく》や虚血性心疾患などを併発する可能性があります。

　前述の医療経済研究機構によれば、糖尿病で合併症を発症した場合の1人当たりの年間の医療費（レセプトの点数・2003年）も明らかになっています（上の図1－2）。

これによると、合併症が1つなら、合併症がない場合に比べて医療費は1・2倍。合併症が2つなら約1・8倍、合併症が3つなら約2倍、合併症が4つ重なると、なんと約2・5倍の費用がかかるとのことです。

体重が重いほど、医療費はアップ

個人的にショックだったのは、**体重が増えれば増えるほど、糖尿病の合併症を併発しやすく、医療費が上がっていく傾向にある**ということです。

経済学者の古川《ふるかわ》雅一《まさかず》氏らの研究によれば、この調査のBMI（体重［キロ］を身長［メートル］の二乗で割った数値、ボディマス数値）の平均値は23ですが、このデータが発表された2007年時点では、BMIが30以上になると糖尿病の医療費が2・5倍に、高血圧なら医療費は1・3倍にまで上がる可能性があるそうです。

BMIが30といえば、平均的な男性なら体重が約20キロ増える、女性なら体重が約16キロ増える状態（次ページの図1－3）。ちょっと気を抜けば、起こりうる体

図1-3　体重が20キロ増えると、医療費が2.5倍に

BMIの計算方法

BMI ＝ 体重（キロ） ÷ [身長（メートル）]^2

WHO（世界保健機構）は現在、BMI30以上を肥満としているが、
日本肥満学会はBMI25以上を肥満としている

check!

[　　　] ＝ [　　　] ÷ [　　　]

体重が増えると、医療費も増える

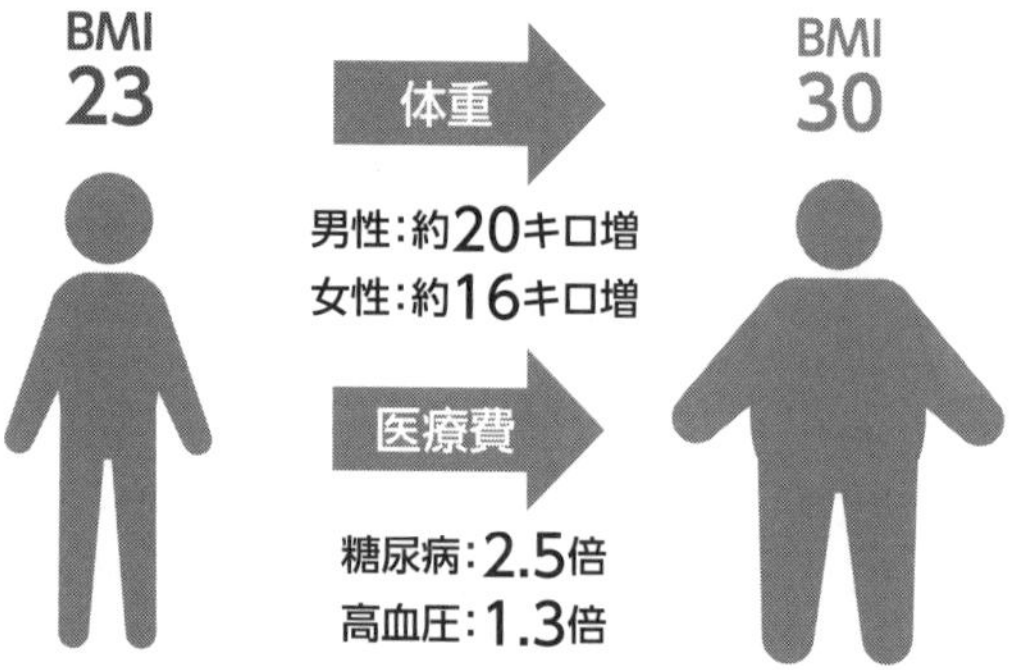

数字は、男性が身長167.1cmで、
BMI23（64.2kg）が30（83.8kg）になった時、
女性は身長が153.7cmで、
BMI23（54.3kg）が30（70.9kg）になった時の
医療費を比較した倍率です（身長は日本人の平均）。

「肥満に伴う糖尿病や高血圧性疾患の医療費に関する研究」をもとに作成

重の変化ではないかと、私自身の経験から思うのです。

もちろん、メタボから発症しやすい病気は糖尿病だけでありません。高血圧、脂質異常なども発症し、脳卒中や心筋梗塞《しんきんこうそく》といった病気も併発し、さらに多額の医療費がかかる可能性があります。

このような病気で、様々な薬をもらい続けていくことになると、40歳でメタボの人は、その後の約50年で、**薬の自己負担額だけでも１００万円〜２００万円かかる**と言われています（２０１７年９月時点での試算）から、家計にも大きなダメージを与えるのは明らかです。

節約ポイント

医療費が増える原因は、糖尿病とそれによって併発しやすくなる様々な「合併症」。それを防ぐためには、まず体重が増えないように注意する。

メタボと
食費の関係

スナック菓子が家計に与える「見えない影響」

メタボになると、医療費の出費が増えるため、**そのぶん「貯金」ができなくなります。**

しかも、栄養が偏《かたよ》ってメタボになる人のなかには、食事が外食やコンビニ弁当という人も少なくありません。そうなると、自炊するよりも食費が割高になり、さらに貯金できないという悪循環に陥《おちい》るケースも出てきます。

若い時は基本的に健康なので、問題はないでしょうが、栄養が偏った状況が長く続くと、体調不良になりやすく、ある程度の年齢になって体調不良が続くと、十分な働きができなくなって収入が下がってしまうかもしれません。

体調も不調になり、貯金もできないというのは、人生における最悪な状況です。

「メタボになると、医療費が増えて貯金ができなくなる」と聞いても、にわかには信じられないという人のために、**「肥満と家計の関係性」**についての調査を見てみましょう。

「お金持ちほど太っている」は昔の話

お金があれば、たくさん食べ物などを買えるので太りそうな気がしますが、じつは、「世帯年収が低くなると肥満リスクが高まる」という調査結果があります。

滋賀医科大学アジア疫学研究所（現在の滋賀医科大学ＮＣＤ疫学研究センター）が、厚生労働省発表の「国民生活基礎調査」と「国民健康・栄養調査」（２０１０年）をもとに分析した２０１８年３月発表のデータによれば、世帯年収２００万円未満の群は、**世帯年収２００万円～６００万円の群、世帯年収６００万円以上の群よりも、肥満リスクが高くなる**そうです（49ページの図１－４）。

その背景には、炭水化物の摂取量があるようです。パンやおにぎりなど、安くて簡単に買って食べられる食事には炭水化物が多く含まれる傾向にありますが、収入が少ないと、どうしてもこうした炭水化物中心の食事に偏りがち。

昭和の時代までは、「貧乏な人ほど痩《や》せていて、お金持ちほど太っている」のが世間の常識と思われていました。

ところが、**今はその逆で「お金持ちほどスリムで、お金がない人ほど太っている」という傾向にあるようです。**

たしかに、年収が低い方ほど、食生活の選択肢も狭まりがちで、自炊をせず、コンビニ弁当やハンバーガー、牛丼などを食べて、間食にポテトチップや甘いお菓子を食べているという人も少なくないのではないでしょうか？

その結果、太ってしまうというわけです。

この傾向は、日本だけではなく、アメリカでも顕著に現れています。

図1-4　肥満と社会的要因との関連

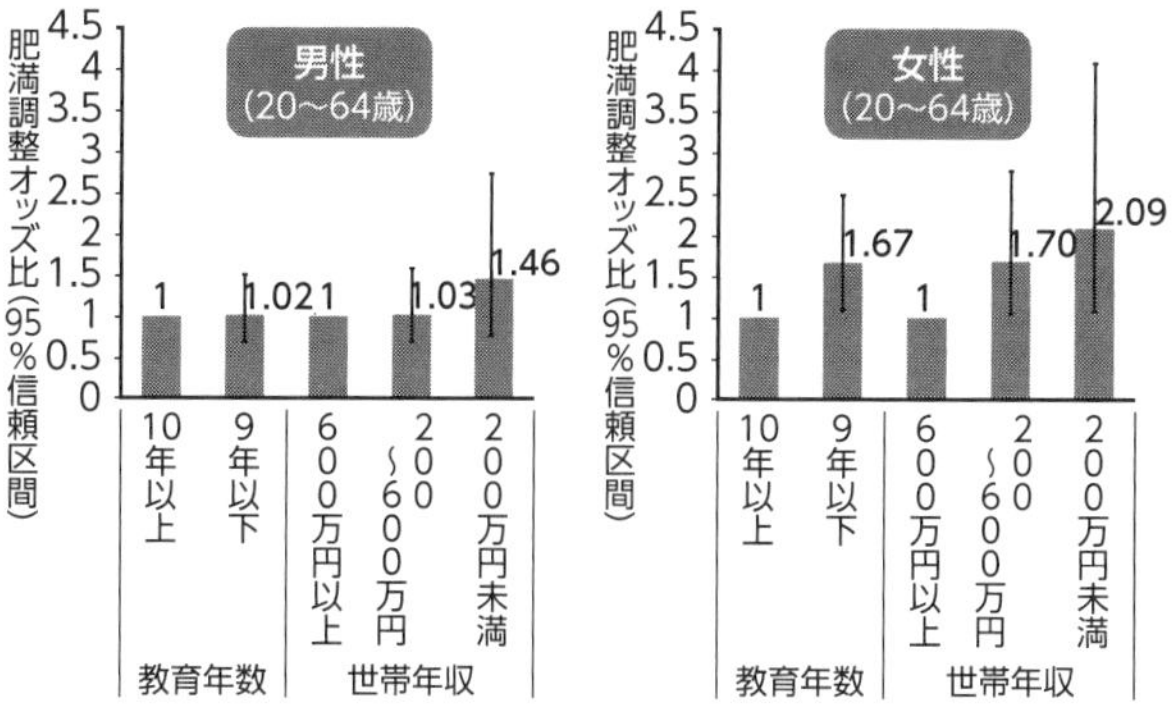

「日本人の循環器疾患危険因子と社会的要因の関連」より

米国のハーバード公衆衛生大学院の研究チームが、成人600万人以上が自己申告した体格指数（BMI）を分析し、**高度肥満のリスクは、とくに女性、非中南米系の黒人の成人、年収5万ドル（約650万円）未満の低所得者層に多い**という結果を2019年12月に発表しました。

なぜ貧困層などで肥満率が上がっているかといえば、**糖分の多い飲み物やカロリーばかりが高い食べ物に食生活が偏りがちだから。ファストフードにみられるような高カロリー食品のほうが、お金持ちが摂っているオーガニック食品などよりも安価で手に入る**からです。

また、時間やお金に余裕のある方が行なうエクササイズによる体重管理も、収入が低いと取り組みにくいことも要因に挙げられています。

「貯金ができない」と嘆く前に、まず自分自身が偏った食生活を送っていないかどうか振り返ってみましょう。

節約ポイント

1日の食事内容を書き出し、炭水化物中心の「高カロリー生活」になっていないかチェックする。

食費節約の特効薬

節約の第一歩は、ご飯を炊くことから

収入がそれほど高くはない人が、健康的な食事を摂るためには、意識改革が必要です。

まず、**食費にいくらかかっているかを計算してみましょう。**

たとえば、コンビニ弁当を買ったら飲み物も欲しくなりますから、１食５００円ほどかかります。**仮に３食ともコンビニ弁当だと１日１５００円。１ヶ月で４万５０００円。４人家族だと、１ヶ月18万円もかかることになります。**

時々ならまだしも、毎食のように家族４人でコンビニ弁当を食べていたら、こんなにお金がかかるのだということを、まず自覚しましょう。

総務省の「家計調査」では、２人以上の世帯の１ヶ月の食費は平均７万９４０１

円（2021年の調査）。ここには、外食費1万4 5 2円や酒代3 7 6 9円が含まれるので、これを除くと6万5 1 8 0円。

ただ、実際には1ヶ月の食費を4万円くらいでやりくりしているご家庭は多く、4万円以下に抑えているというご家庭も少なくありません。

つまり、コンビニ弁当や外食に頼ると、食費は3倍近くにまで膨れ上がります。

今はとくに、値上げラッシュで商品価格が上がっている状況ですからさらに深刻です。

ですから、節約しようと思ったら、上手に自炊していく方法を考えていきましょう。

☑「卵かけご飯」をベースに食事を考える

自炊する場合、まずご飯を炊きますが、皆さんは、ご飯茶碗1杯の値段をご存じですか？

ご飯一杯のお米の値段は約25円。ここに卵をかけて「卵かけご飯」にしても50円程度。朝食ならまだしも、夕食はこれだけでは寂しいので、鶏の胸肉をソテーします。住んでいる場所にもよりますが、鶏の胸肉は１００グラム１００円くらいで買えます。

豚肉は鶏肉より高いですが、それでも１００グラム２００円くらいでしょう。さらに、直売所などで割安の野菜を購入したり、スーパーなどでも旬の野菜は比較的安価で買えるので、それらを添えればコンビニ弁当１つと同じくらいの値段なのに、かなり充実した夕食がつくれます。

もちろん、忙しくてたまにはコンビニ弁当を活用しなくてはならないという場合もあるでしょう。しかし自炊を食事の基本にすれば、栄養バランスも良くなるし、食費も浮きます。

そして、**自炊で食費を抑えられれば、貯金する余裕が生まれます。**

収入が少ない人ほど、食事に工夫を凝《こ》らし、十分な栄養を摂りながら食費の節約

をするべきなのです。

毎日スナック菓子を買うと、1年で5万4000円に！

私自身がそうだったのですが、つい手軽にストレスが解消できるスナック菓子に手が伸びてしまう、という人は少なくないのではないでしょうか。

ごくまれに、スナック菓子を1日1袋子供に買い与えているなんていう家庭も見かけます。なかには、うるさい子供が、スナック菓子を食べている間だけは大人しくなるので、静かにしてほしい時は与えているという親もいるようです。

ただ、スナック菓子も値上がりしていて、コンビニだと1袋150円くらいします。すると30日で4500円、1年で5万4000円の出費です。他の家族もスナック菓子を食べるとしたら、かかるお金はさらに大きくなります。

もしこれを、手作りのおにぎりに換えたらどうでしょう。腹持ちがいいだけでなく、年間に3万円は貯金できるかもしれません。

今まで、スナック菓子をバンバン食べていた私が、なんだか他人事《ひとごと》のように上から目線でこんなことを書いているのは恥ずかしい限りですが、自省の念を込めて自分の経験を告白します。

私の場合、それほどお腹も空《す》いていないのにスナック菓子を食べていた理由は「ストレス解消」でした。イライラした時や手持ち無沙汰《ぶさた》の時に、お菓子を食べていると何となく気持ちが落ち着くのです。

その積み重ねでメタボ体質になってしまったことを深く反省し、今はスナック菓子とは縁を切りました。

私の経験を反面教師にして、皆さんはお気をつけくださいね。

節約ポイント

年収が少ない人ほど間食を極力控え、栄養バランスを意識した食生活に変える。

メタボ改善の特効策

難しいことを考えずに、とにかく「歩く」

「肥満を改善して健康体になりたい」と思う人におすすめなのは、なんといっても「ウォーキング」です。

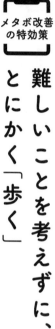

お金持ちは、速く歩く

2016年11月にドコモ・ヘルスケアが発表した興味深いデータを紹介します。**年収1000万円以上の人は、平均年収の人よりも1・16倍速く歩く**というのです。

この調査は、腕に装着するだけで歩数や消費カロリー、移動時間、睡眠時間、睡眠の深さなどを測定できるドコモ・ヘルスケアの「ムーヴバンド3」を付けた

1229人の記録と年収に関するアンケート結果をもとにしたものです。

調査結果を見ると、無収入の人は平均歩行速度が2・41㎞／h。年収が400万円以上500万円未満の人は平均歩行速度が2・69㎞／h。そして年収が1000万円以上の人は、平均歩行速度が3・13㎞／hとなっています。

日本人の平均年収は400万円～500万円の間ですから、**平均的な年収の日本人よりも、年収1000万円以上の人のほうが歩く速度が速い**ということです。

年収が高い人ほど速く歩くなんて眉唾《まゆつば》だと思うかもしれませんが、同社ではすでに、**早歩きの人は、ゆっくり歩いている人よりも体が引き締まっているというデータを出していて、早歩きや走ることが苦にならない人のほうが、アクティブで前向きに行動するという調査結果を得ています。**

1日の歩数が同じ9000歩～1万2000歩でも、歩数・早歩き時間・走行時間を合わせた「アクティブ時間」が15分未満しかない人に比べると、「アクティブ時間」が15分以上の人たちは、肥満度を表すBMIの数値が低いのです。

☑ 高齢の方は「気持ちだけは早足」を意識

たしかに、速く歩いてテキパキと仕事をこなしている人で、太っている人はあまり見かけません。

もちろん、速く歩けばすぐに年収が上がるわけではありませんが、少なくとも、生活改善の一環として「早足」を心がけると、気持ちもシャキッとして前向きになるかもしれません。

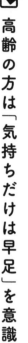

ただし、気をつけなくてはならないのは、**「早足」で歩いて「転倒」するリスク**。若い方ならともかく、私くらいの年齢になると、「転倒」は体に大きなダメージを与えかねません。高齢の方や足腰に不安のある方は、「気持ちだけは早足」のモチベーションで歩くのが良いでしょう。

健康になればお得になることは、ほかにもたくさんあります。「歩くことが健康の秘訣《ひけつ》」ということはすでに立証されてきて、「歩ければ歩くほど、お得になる節約生活」にも注目が集まっています。

次章からは、こうした節約方法をご紹介しましょう。

節約ポイント

いつもより少しだけ速く歩いて、気持ちを前向きにチェンジ！

マインドチェンジ

何歳からでも、健康体をめざせる

いきなりメタボやら肥満やらと、気分を害してしまった方もいるかもしれません。

しかし、太っていると、疲れやすく体もだるくなりがちで、気力も落ちてくるというのは、私の実感でもあります。

しかも、太ると好きな洋服は着られなくなるし、見た目にも劣等感を感じ、ストレスが溜まる。そのストレスを食べ物で発散するようになってしまったら、まさに悪循環。

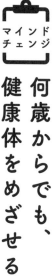

肥満とストレスが原因で、病気になって働けなくなると、今度は収入が減り、さらに大きなストレスを受けます。

子供が高校、大学などに進学して教育費が増えたり、マイホームを買って毎月住宅ローンの支払いをしていかなくてはならないような家庭では、ストレスを抱えたまま無理をして働き、心身に不調をきたすケースが後を絶ちません。症状を悪化させて病気になってしまえば、収入が途絶える可能性も。

ただし、これだけは覚えておいていただきたいのですが、**病気で働けなくなっても、収入がゼロになってしまうわけではありません。**

会社員であれば傷病手当金として収入の3分の2を、支給日から最長1年6ヶ月間、支給してもらえます（126、137ページ参照）。

自営業者にはこのような制度がありませんが、糖尿病が悪化して血糖値のコントロールが困難になってしまった場合には、障害年金を受け取れる可能性もあります。

もちろん、健康で働いている時と同じくらいの金額を受け取れるわけではありませんが、万が一の場合はこうしたセーフティーネットもあるということを覚えておくといいでしょう。

大事なのは、どんな時でも、投げやりになってはいけないということ。今まで肥満を放置してきた私が言ってもあまり説得力がないかもしれませんが、思い立ったが吉日。

「何歳からでも痩せられる！」と気持ちを前向きにして、まずは肥満を改善し、私と一緒に健康体をめざしましょう。

節約ポイント

太っている自分を責めずに、今からできることに向き合う。

Column

「メタボ１位」高知県は、1人当たりの医療費も全国1位

高額な医療費で悩まされているのは「個人の家計」だけではありません。

人口１人当たりの国民医療費（２０１９年）を都道府県別に比べると、１位は「高知県」（年間46万３７００円）。ちなみに、「高知県」は、**アンファー株式会社が全国４７００人に実施した「ニッポン健康大調査」の２０１９年度版肥満注意度ランキング（平均ＢＭＩが高い県のランキング）でも１位（23・42）で**した。

「令和元年版高齢社会白書」の平均寿命を見ると、男性の場合、１位の滋賀県の81・78歳に比べて、高知県は80・26歳と、約１歳半も短くなっています。

健康で動き回れる健康寿命を見ても、男性の場合、山梨県の73・21歳に比べて、高知県は71・37歳と、１・84年も健康でいられる期間が短いこともわかり

図1-5　1人当たり国民医療費の高い都道府県ランキング

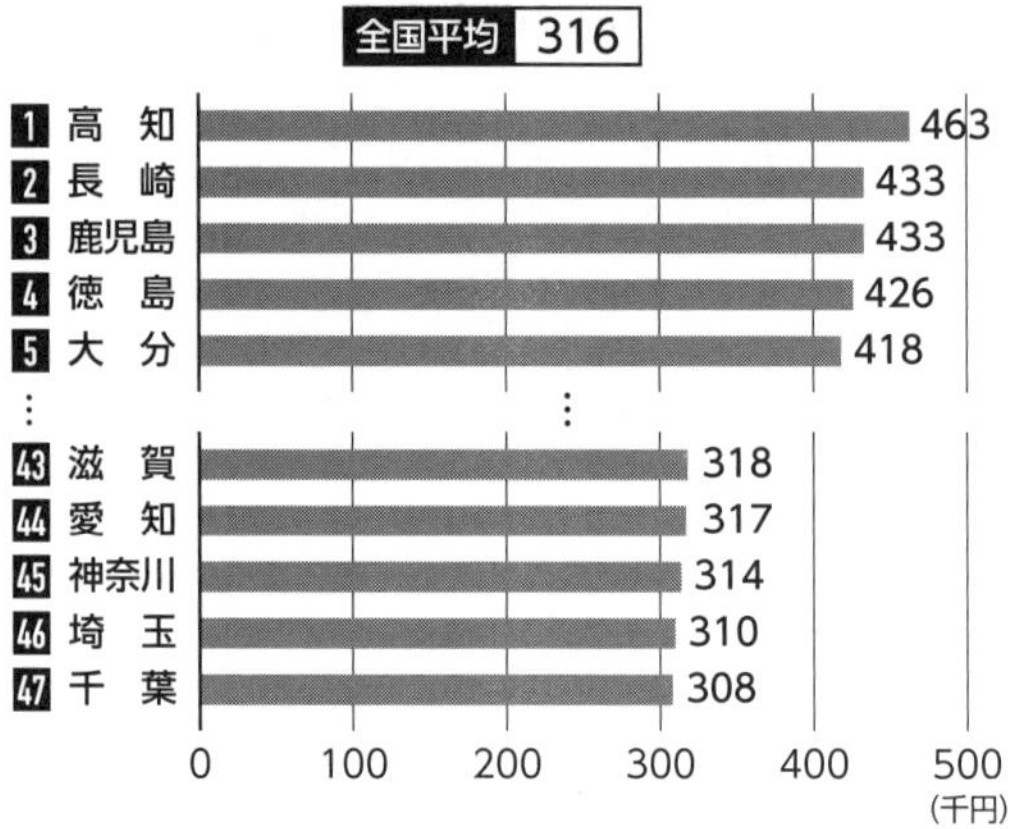

内閣府「令和元年版高齢社会白書」をもとに作成

ました（2016年）。

医療費支出が多いということは、県の財政も逼迫《ひっぱく》させます。

こうした状況に危機感を抱いた高知県では、〝使えば使うほど元気になれる健康へのパスポート〟と銘《めい》打《う》って、「高知家健康パスポート」を発行。ウォーキングやマラソン大会など、健康を促進する様々なイベントなどに参加するとポイントがもらえる仕組みをつくり、料金割引やプレゼント、豪華景品の抽選などで、県民の健康増進へのインセンティブを高めようとしています。

第2章

お金を貯めたければ、歩きなさい！

歩けば歩くほどお得になるすごいサービス

散歩の効用

毎日の節約は、朝一の散歩から

コロナ禍で遠出が難しくなるなか、身近な「ウォーキング（散歩）」を日課にする人が増えました。

私も毎朝、犬の散歩をしています。

ウォーキングは、酸素を体に取り入れながら行なう有酸素運動なので、続ければ続けるほど体の脂肪が燃焼され、代謝が良くなり、血中脂肪や血糖値、血圧も下がって健康増進に有効なのだそうです。

もしかしたら、私にとって「犬を飼う」最も大きなメリットは、散歩が習慣になったことかもしれません。

散歩がもたらす意外な効果

朝、犬を連れて散歩していると、同じように**犬を連れて歩いている人と、自然に「おはようございます」と声を掛け合うのですが、これが清々《すがすが》しくて気持ちがいい。**

もちろん、犬同士が仲良くしてくれればいいですが、犬ですら、性格が合わずにいがみ合うケースも。そんな時、挨拶《あいさつ》ができている飼い主さんなら、お互いに笑って気持ちよくその場を離れることができます。

また、犬同士の相性がいいと、飼い主と犬友達になれます。犬の健康のこと、性格で困っていることなど、犬友達になるといろいろと相談できるし、評判のいい動物病院などの情報も教えてもらえます。

話がちょっとそれてしまいましたが、**朝のウォーキングは、体だけでなく、心も健康にしてくれる効果がある**ようです。

私の知人に、うつ病を患《わずら》った子供を持つ人がいるのですが、医者から朝のウォーキングを勧められました。

朝、散歩しながら日光を浴びると、体内に幸せホルモンと呼ばれるセロトニンが分泌《ぶんぴつ》されるので、脳が興奮を抑えて精神を安定させるのだそうです。

「なぜ、日光を浴びるとセロトニンが分泌されて幸せな気持ちになるのか」というメカニズムについては、専門のお医者様に聞いていただきたいと思いますが、それで息子さんの病状がずいぶん回復したと聞きました。

第1章で述べたとおり、**ストレスを減らすことは健康への第一歩**です。スナック菓子を食べたり、お酒を飲んだり、外食してストレス発散するよりも、朝の散歩を習慣にすることで、毎日の生活にも自然に変化がもたらされるでしょう。

節約ポイント

朝の散歩を日課にすれば、ストレスが減り浪費が減らせる。

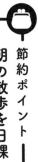

得するサービス①

歩くだけで、自治体からご褒美《ほうび》がもらえる

じつは、あなたがお住まいの自治体でも、皆さんの健康増進のために、様々な施策を行なっています。なぜだかわかりますか？

２０２２年度には１９４７年生まれの団塊の世代が75歳を迎え始め、２０２５年度には団塊の世代の全員が75歳以上の「後期高齢者」となります。そのために、国や自治体が負担する医療費が、急激に増加するのではないかと危惧《きぐ》されています。

増大する医療費に歯止めをかけようと、各自治体は、高齢になってもなるべく健康でいてもらうために「歩く」ことを推奨しています。

それればかりか、**実際にウォーキングをしている人に対して「ご褒美」をあげようという自治体も出てきています。**

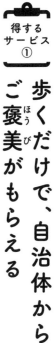

その1つが、「**健康ポイント制度**」の創設です。

2014年、「『日本再興戦略』改訂2014－未来への挑戦」の中で、「個人に対する健康・予防インセンティブの付与」が打ち出されました。

一部の健康保険組合や地方自治体が提供する健康づくりの取り組みに継続的に参加した被保険者には、ポイントが付与される仕組みで（次ページの図2－1）、貯めたポイントを電子マネーと交換することで買い物に使えたり、商品券と交換できたりします。

ここでは、いくつかの地方自治体で実施している「歩くと得する」仕組みをご紹介しましょう。

大阪府 歯を磨くだけでポイントゲット！

たとえば、大阪府で実施している健康ポイントが「**アスマイル**」。

図2-1　ヘルスケアポイントを活用した個人に対する予防・健康づくりの推進

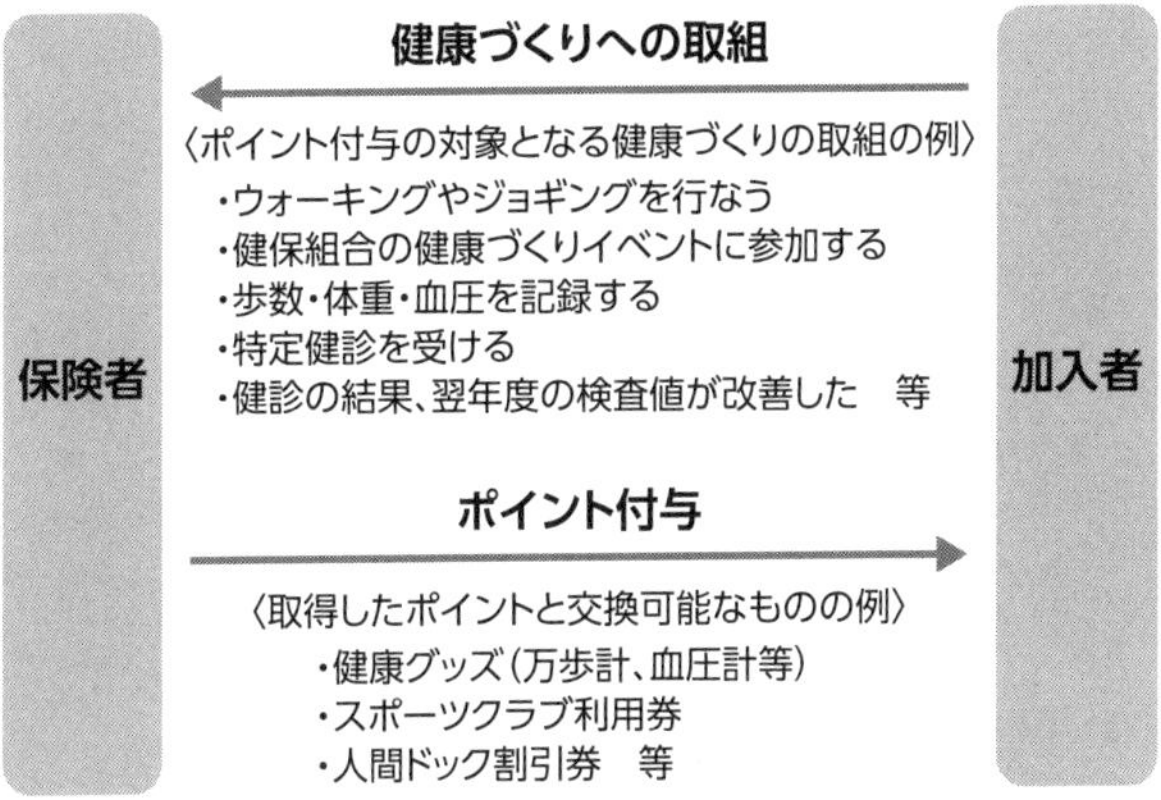
保険者
加入者
健康づくりへの取組
〈ポイント付与の対象となる健康づくりの取組の例〉
・ウォーキングやジョギングを行なう
・健保組合の健康づくりイベントに参加する
・歩数・体重・血圧を記録する
・特定健診を受ける
・健診の結果、翌年度の検査値が改善した　等
ポイント付与
〈取得したポイントと交換可能なものの例〉
・健康グッズ（万歩計、血圧計等）
・スポーツクラブ利用券
・人間ドック割引券　等

厚生労働省「個人への予防インセンティブの検討について」をもとに作成

スマートフォンにアプリをインストールし、毎日歩いたり、歯磨きをしたり、健康診断を受診したり、アンケートに答えるだけでポイントが貯まるサービスです。

2021年12月から健康予測AIが搭載され、糖尿病や脂質異常症、高血圧の生活習慣病について、直近の健康診断から3年以内の発症確率を予測してくれます。

ログインするだけで毎日1回50ポイントが貯まり、ウォーキング（毎日1回300ポイント、歩数条件あり）のほかに、歯磨き（毎日1回50ポイント）、健康診断を受ける（毎年1回1000ポイント）、健康コラムを読む（配信当日に50ポイント）などでも、ポイントが貯まっていく面白いアプリです。

体重、朝食、睡眠、体温を記録すれば毎日1回50ポイント貯まり、過去のデータも、いつでも閲覧できます。貯めたポイントに応じて抽選に参加できるという特典もあります。

神奈川県横浜市

無料で歩数計を配布

神奈川県横浜市の「よこはまウォーキングポイント」では、18歳以上の横浜市在住・在勤・在学の参加者に、**無料で歩数計をプレゼント**（送料610円の負担が必要、令和元年10月時点）しているだけでなく、歩数計を持ち歩くのが面倒という人には、スマートフォンに歩数計アプリをインストールして参加できます。アプリには横浜市内のウォーキングコースが100コース以上も掲載されており、風光明媚《ふうこうめいび》な横浜巡りもできます。

1日に2000歩以上歩くと、歩数に応じて1～5ポイントが付与され、200ポイント以上を達成すると、3ヶ月ごとに一定ポイント以上を達成した人は、自動的に抽選に参加できます。商品券などが当たるだけでなく、年間の累積ポイントによる抽選も行なっています。

高知県 健康増進に対する意識の高さ

63ページで述べたとおり、全国1位のメタボ県の高知県では、2016年9月から「**高知家健康パスポート**」を発行（2022年4月よりアプリのみ）。健康づくりイベントに参加やスポーツジムの利用などでポイントが貯まり、県内のスポーツ施設や飲食店で提示すれば、様々な特典が受けられます。

新潟県長岡市　体重計の「タニタ」と連携した健康クラブ

民間企業と連携し、健康増進を目指す自治体もあります。

新潟県長岡市では、健康総合企業「タニタ」と協力し、「ながおかタニタ健康くらぶ」で健康を維持するための様々な情報を発信しています。タニタの体組成計や血圧計で健康状態をチェックできる健康計測コーナーが市内14ヶ所に設置され、タニタカフェでは多くの健康講座が実施されるなど、ダイエットや健康づくりをサポート。

ウォーキングだけでなく、健康活動に付随して得られたポイントは、長岡市内で使える共通商品券やタニタブランドグッズなどに交換可能です。

滋賀県　市町村を超えた「健康推進アプリ」

滋賀県には、「BIWA－TEKU」という健康推進アプリがあります。歩いた歩数が記録されるだけでなく、各市町でモバイルスタンプラリーやバーチャルウォーキングラリー、各種健康イベントなどが行なわれおり、これまで紹介した事例同様に、様々な「健康ポイント」が貯められるようになっています。貯まったポイントは、１年に１度、参加市町や県、団体から提供される景品の抽選応募に利用できます。

あなたがお住まいの各自治体でも、健康サポートを実施しているかもしれません。ぜひ一度、自治体のホームページをチェックしてみてください。

節約ポイント

自治体が実施している「健康ポイント制度」を積極的に活用しよう。

得するサービス②

続々登場「歩くアプリ」を活用する

わざわざウォーキングするのは面倒だという方も、アプリをダウンロードしてスマートフォンを持ち歩けば、日々の買い物などで使える「ポイント」が自動的に貯まります。

ここからは、「歩けばポイントが貯まる」アプリをいくつか紹介しましょう。

アプリ❶ イオンで使える「RenoBody（リノボディ）」

「smart WAON」と連携すると、歩いただけでイオンの「WAON POINT」がもらえるRenoBody。1日8000歩をクリアすると、イオンの「WAON POINT」が1ポイントもらえるほか、期間限定ポイントキャンペーンもあります。

ＷＡＯＮ　ＰＯＩＮＴは1ポイント＝1円分の電子マネーＷＡＯＮとして、イオングループでの買い物などに使えるほか、他のポイントへの交換もできます。

アプリでは、消費カロリーなどを表示するだけではなく、ダイエットしたい人には、「1キロ痩《や》せるにはどれくらい歩けばいいのか」といった目安まで教えてくれます。

健康データを見やすいグラフで示してくれるので、健康管理にも役立ちます。

アプリ❷　ドコモユーザー以外でもポイントが貯まる「ｄヘルスケア」

毎日の歩数や体重を記録し、目標を達成したら、抽選でｄポイントがもらえる健康アプリ。無料版と月額料金330円（Ａｐｐ ｓｔｏｒｅでは480円）の有料版があり、有料版は目標歩数を達成するとハズレなしのルーレットを回すことができ、それに応じてポイントが貯まるので、遊び感覚で楽しめます。

ドコモ以外の携帯電話会社の利用者でも、無料でダウンロードでき、ポイントを貯めることができます。

dポイントは、1ポイント1円として買い物に使えるほか、スポーツジムのレッスンの割引などにも使えます。

アプリ③「スギサポwalk」で薬いらずに

愛知県で創業し、今では関東・中部・関西で約1100店舗を展開している「スギ薬局」のウォーキングアプリが「スギサポwalk」。

歩いた歩数や出されたクイズに正解するほか、スギ薬局に来店し、チェックインするとポイントが貯まります。

ウォーキングでは、アプリ上に設置された「ラリーポイント」を通過するか、ゴールしたタイミングでマイルが付与されます。

アプリ④ ドライブや通勤でもポイントが貯まる「トリマ」

位置情報で設定したスタート地点から移動するだけで、画面上の「タンク」にマイルが貯まり、満タンになるとマイルを回収する仕組みの「トリマ」。

歩くとポイントが貯まるだけでなく、**ドライブや通勤などウォーキング以外の移動でもマイルが貯まるのが他と違うところ**です。また、アンケートに協力したり、買い物をするだけでもポイントが貯まります。

ウォーキングについては、１０００歩ごとに、１日１万歩までマイルを獲得できます。獲得したマイルは、Ｔポイント、ｄポイント、Ｐｏｎｔａポイント、ｎａｎａｃｏポイントなど、各種ポイントに交換できるのが強み。現金化して銀行振り込みも可能です

交換先によってレートが変動する場合もあるので注意しましょう。

アプリ⑤ ダイエット効果も期待できる「FiNC」

「FiNC」は、アプリをダウンロードしたスマートフォンを持ち歩くだけで歩数が自動的にカウントされ、1日の歩数が1500歩、3000歩、5000歩、1万歩に達するごとに5ポイントが貯まっていきます。

また、**歩数だけでなく、食事入力（10ポイント）や体重入力（5ポイント）など、健康に関わる様々なデータが記録できるので、日々の健康管理ができ、生活習慣の見直しにも役立ちます。**

食べたものを記録するだけのダイエットとして、「レコーディングダイエット」が一時期ブームになりましたが、これなら簡単にチャレンジできそうなので、ダイエットを目指す人にはおすすめ。

アプリ⑥ 歩いて貯めたポイントで〝当てる〟

歩くと貯まるポイントで、日本各地の名産品が当たるアプリもあります。「aruku&《あるくと》」では、1日の目標歩数の達成、または測定体重の登録などでお宝カードが貯まり、お宝カードが一定数集まったら抽選に応募するチャンスが得られます。当たるか当たらないかは、運次第ですね。

このほかにも、様々な健康ポイントアプリが広がっていくでしょう。ただし、サービスが終了することも多々あるので、こまめにチェックするようにしましょう。

節約ポイント

歩くだけでポイントが貯まるアプリをダウンロード！

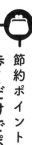

自転車の活用

健康増進だけでなく、ガソリン代の節約になる

「歩くのは、健康には良いかもしれないけれど、膝《ひざ》に自信がない」という人もおられるでしょう。

超高齢化社会を迎える日本では、生活習慣病や高齢で寝たきりの人が増えると予想されていますが、少しでも運動能力を高め、健康を維持するために、**自転車に乗る（サイクリング）**のはどうでしょうか。

自転車に乗れば、健康増進に役立つだけでなく、ガソリンや電気を使って車を走らせるよりエコになります。

自転車利用の健康面でのメリットとしては、すでに海外の研究機関が、「**糖尿病をはじめとした生活習慣病のリスクを低減する効果がある**」と報告しています。厚

生労働省の「スマート・ライフ・プロジェクト」でも、活動の一環として自転車を活用した健康づくりに関する広報活動を積極的に行なっています。

フィットネスクラブで、メタボ解消のために自転車を漕《こ》いでいるという人は、かなりいらっしゃるのではないでしょうか。

サイクリングなら、体に良いとされる有酸素運動が長時間続けられ、脂肪を燃焼し、血中のコレステロールを除去し、動脈硬化の進行を遅らせることができます。

自転車だと遠くまで行けますし長時間走れるので、結果的にはより多くエネルギーを消費できます。また、**体重をサドルと車輪で分散して支えるため、膝への負担も少なく、ランニングのように地面を蹴《け》ることがないので、膝や腰に直《じか》にかかる衝撃も低減できるでしょう。**

加齢で衰えがちな下半身の筋力アップも見込めます。ただし、自転車の事故が増えてきて、２０１５年10月から自転車損害賠償責任保険等への加入義務付けがすすめられています。高齢の方は、車の少ない道、歩行者の少ない郊外や田舎道を選んでサイクリングを楽しむ工夫が必要です。

自転車を安く手に入れる方法

ネックになるのは、自転車の「価格」でしょう。

2021年春頃から、ガソリン価格の急騰《きゅうとう》で身近な足としての自転車が見直されています。コロナ禍の2020年には、自転車の販売台数は過去最高になり、需要が供給を上回りました。

さらに、自転車のパーツの原材料となるアルミや鉄、ステンレスなどの高騰と、円安によってこれらの輸入コストが上がったことも大きく響いて、大手自転車メーカーが相次いで値上げを発表。コロナ禍前に比べて10〜30％の大幅値上げになっています。さらに2023年4月からはヘルメット着用が努力義務となります。

自転車の価格はピンキリで、買い物に出かけるための安価なものだと2万円前後からあります。

ただ、各自治体のシルバー人材センターでは、放置自転車をきれいに修理して販売しています。**こうしたリサイクル自転車なら、７０００円から１万５０００円程度で手に入ります。**メルカリなどのネットオークションなら、いらなくなった自転車が格安で売られていますが、ネットオークションだと実物を見られないので、できれば最寄りのシルバー人材センターなどで状態を確認してから購入したほうがいいでしょう。

一向に安くなる気配がないガソリン価格を見ていると、健康増進とエコ、そして節約につながる自転車は、家計とＳＤＧｓの必需品と言えるかもしれません。

節約ポイント

太っている人や膝に不安のある方は自転車に乗る。

ジム通いは不要

YouTube《ユーチューブ》で無料エクササイズし放題

健康のために何か始めたいと思い、フィットネスクラブに登録しているという人は多いのではないでしょうか。

ただ、家の近くのフィットネスクラブだと、近所の人がたくさん通っているので人間関係が面倒だし、教室だと時間の制約があるので、その時間に行かないと参加できない。

こんな理由で足が遠のき、月会費の無駄払いをしている方も多いでしょう。

この際、フィットネスクラブはきっぱり退会し、自宅で、自分の都合のいい時間に、無料で体を鍛える方法をお教えします。

そうです。皆さんご存知の「YouTubeヨガ」です。

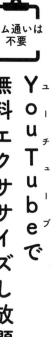

じつは、私も友人に勧められて、「B－life まりこ」のYouTubeヨガを始めました。約１８４万人（２０２２年12月時点）がチャンネル登録している彼女のＹｏｕＴｕｂｅは、家にいながら好きな時間に好きなだけ体を動かせるという利点もさることながら、やさしく語りかけるような彼女の声に合わせて体を動かしていると、まるでスタジオで個人レッスンを受けているような気分になります。

朝の目覚めのスッキリヨガから、首や肩をほぐすヨガ、腰痛を和《やわ》らげるヨガ、股《こ》関節《かんせつ》をほぐすヨガ、体の歪《ゆが》みを矯正《きょうせい》するヨガ、骨盤を刺激して体をぽかぽかと温めるヨガ、お休み前に試すとぐっすり眠れるヨガなど、いろいろな動画を無料で視聴できます。

もちろん、オンラインでの有料のライブレッスンなどもありますが、時間も、お金も、人目も気にすることなくできるという点では、無料のＹｏｕＴｕｂｅヨガで十分という気がしています。

「たった3分」にはご用心

ヨガに限らず、YouTubeでは、様々なエクササイズが無料で視聴できます。ただし、「たった3分だけで痩せる！」といったサムネイルのうたい文句などに惑《まど》わされないように注意が必要なものも。

「地獄の11分」という脂肪燃焼ダンスのコメント欄に、「この動画と他の動画でダイエットを始めて1年2ヶ月で、71キロあった体重が51キロになりました」と書いてあり、私もやってみようと頑張ったのですが、**3分で音《ね》をあげ、全くついていけませんでした。**

次に試してみたのが、「3分ダイエット」。寝ながら足踏み3分で、内臓脂肪や中性脂肪が減って、リンパの流れが良くなるので内臓脂肪も減り、動脈硬化も予防し、若返り、坐骨《ざこつ》神経痛や脊椎管狭窄症《せきちゅうかんきょうさくしょう》、変形性股関節症も解消できてしまうという夢のような体操。

けれど、３分といえどもきつく、ポーズがなかなか決まらない。自分の体力のなさ、体の硬さを実感しました。

その後も、いろいろなエクササイズに挑戦したのですが、なかなか思うようについていけず、身の程知らずの自分を思い知らされただけでした。

ＹｏｕＴｕｂｅでＮＨＫのラジオ体操も試してみましたが、これも最後までしっかりやるのはかなりしんどいことがわかりました。毎朝、犬の散歩をしながら、ラジオ体操をしている方たちの横を素通りしていましたが、すでにこの時点で、私は体力勝負で負けていたのだと痛感しました。

今やＹｏｕＴｕｂｅは、エクササイズやダイエット法、体の動かし方を教えてくれるだけでなく、情けない自分をこっそり反省する場所にもなっています。

節約ポイント

有料のフィットネスクラブなどで、ハードな有酸素運動を行なう前に、無料のYouTubeエクササイズを試してみる。

第3章

健康なら、入るべき保険はこれだけ！

「得する保険」「損する保険」の見分け方

お得な
民間保険
①

歩くと、生命保険の保険料が安くなる!?

毎日歩くと、保険料をキャッシュバックしてくれる「ちょっとお得な保険」も出てきています。

私は基本的に「民間保険への加入は慎重に」という主張をしていますが、これから紹介する保険は、普段から歩く習慣があり、医療保険への加入を考えている方は検討してもいいかもしれません。

東京海上日動あんしん生命が出している新医療総合保険（健康増進特約付加）は、その名もズバリ「**あるく保険**」。

１日平均８０００歩以上歩くと、その達成状況を6ヶ月ごとに計測し、それに応じて2年後に所定の健康増進還付金をキャッシュバックしてくれる保険です。

「１日平均８０００歩も歩けない！」と思う方もいるかもしれませんが、私たちは気付いていないだけで、普段の生活の中でじつはそれなりに歩いています。

厚生労働省の「国民健康・栄養調査結果の概要」（令和元年）によれば、**日本人の1日の平均歩数は、男性が7864歩、女性が6685歩数。**

あくまで平均歩数ですが、この保険の対象となる８０００歩に到達するには、男性ならプラス約１４０歩、女性ならプラス約１３２０歩を歩けばいいというわけです。

☑保険を使用しなければ5000円戻ってくる

では「あるく保険」に加入して目標歩数を達成すると、どれくらい保険料が戻ってくるのでしょう。
30歳の男性が月々3100円の保険に加入していた場合、1日平均8000歩が認定されたら、6ヶ月ごとに約600円キャッシュバックされます。2年後には払った保険料が約2400円手元に戻ってくるということになります。つまり、**月々の保険料が約100円安くなる計算です。**

しかも、この保険には加入後に保険を使う機会がなかった場合、無事故給付金としてさらに5000円のキャッシュバックがあります。

1日8000歩で健康管理をしっかりして、健康でつつがなく過ごせたら、2年で約7400円が戻ってくるということ。つまり2年で支払った保険料の約1割が戻ってくるという計算になります。

基本的には掛け捨ての医療保険なので、歩いて健康になり、保険を使うことがなかったら保険料を無駄に払うことにもなりますが、それを喜ぶべきか悲しむべきかは、個々の判断になるでしょう。

ちなみに、歩数を測るためのスマートフォンとウェアラブル端末（時計のように身につけられる端末）は、希望に応じて保険会社から無償で貸し出しされます。

節約ポイント

医療保険に加入するなら、「歩くだけで得する」保険に乗り換えるのも手。

お得な民間保険②

健康だと保険料が安くなる！

前ページの「あるく保険」は、保険料のキャッシュバックの判定を「歩く」に限定していますが、もっと幅広く、「健康なら保険料を安くする」という生命保険は数多くあります。

そもそも生命保険とは、死んだり病気や怪我《けが》で働けなくなった時に生活に困ることがないように、給付金を受け取れるというもの。

同じ年齢、同じ性別でグループをつくり、そのグループのみんなでお金を出し合って、その年に死んだり病気や怪我で入院した人が、みんなが出したお金をもらうという仕組みです（詳しくは拙著『保険ぎらい』参照）。

その仕組みを取り仕切るのが生命保険会社。

生命保険会社としては、加入した人が、なるべく健康でいてほしい。保険金も入院（通院）給付金も支払わなくてよければ、それに越したことはありません。ですから、加入者が「健康体」なら保険料を安くなるという保険商品を出しているのです。

健康体とは、ＢＭＩ（43ページ参照）や血圧などが保険会社の設定基準をクリアし、病気のリスクが低いと判断された状態のこと。

細かな数値は保険会社によって異なりますが、一般的には、ＢＭＩは18から27まで、最大血圧が１４０mmHg未満、最低血圧が90mmHg未満で、保険会社独自の健康条件が加わるのが一般的です。

健康だともらえる「お小遣い」

「健康体」なら保険料が安くなるという保険は、最近増え始めました。

たとえば、**イオン・アリアンツ生命の「元気パスポート」**という終身医療保険は、入院、手術、放射線治療などを保障する医療保険ですが、「健康支援金」という機能がついています。

健康支援金は、運動や食生活の改善など、健康増進活動に積極的に取り組み、健康診断などの結果が保険会社の基準をクリアしていたら「お小遣い」がもらえるというものです。このお金は、現金で受け取れるほか、電子マネーのＷＡＯＮポイントとしても受け取れます。

ただ、**この「健康支援金」の条件は、通常の健康体の基準よりもちょっと厳しめ。**逆に、この厳しい基準をクリアするために健康増進に励むという人なら、ますます健康になることでしょう。

同保険では、健康増進アプリ「ウエルネスパレット」と連動していて、アプリをダウンロードすると、健康増進の活動でコインが貯まる仕組みになっています。コ

イン は、アンケートに回答すると200コイン、血圧数値入力で20コイン、8000歩歩いて2コインといったかたちで累積されていき、貯まったウエルネスコインは、イオングループなどの健康関連商品やサービスで使えるクーポンと交換が可能です。

健康体なら「保険に入らない」という選択肢も◎

死亡時の給付金が同じでも、健康だと月々の保険料が安くなるものがあります。

たとえば、**メットライフ生命の「スーパー割引定期保険」**は、喫煙の有無や血圧、身長・体重など、健康状態によって同社が定めた4段階の設定があり、健康な人ほど保険料が安くなります。

最大約54％まで保険料が割り引かれるので、〝超健康〟ならお得といえますが、そういう人は、そう簡単には病気にならないし、すぐに死ぬ確率も低い。「絶対に自分は病気にならない！」と自信を持って言える人は、わざわざ加入する必要はないかもしれません。

また、タバコを吸わなければ、保険料が安くなる「**ノンスモーカー割引**」のある保険も増えています。

マニュライフ生命の「こだわり医療保険ｗｉｔｈ ＰＲＩＤＥ」は、過去1年間タバコを吸っていなければ、割引を受けられます。

ちなみに、タバコを本当に吸っていないかどうか判定するために、専用の機器を使って検査します。

加入者にとっては、健康であれば保険料が安くなる。

一方、生命保険会社にしてみれば、病気や怪我をしない加入者が増えれば保険料の給付が少なくて済む。

つまり、加入者と保険会社双方にとってウィン・ウィンではあります。

しかし、何度も言うように、**健康に自信があれば、そもそも保険は必要ないので**

す。その保障が、自分にとって本当に必要なのかどうか、慎重に吟味《ぎんみ》してから加入してください。

節約ポイント

自分の健康状態に応じて、保険料が安くなる保険を選ぶ。ただし、本当に健康体なら、保険に入らないという選択も。

民間保険の罠

「持病があっても入れます」には注意

健康だと保険料が割引になる保険があるのなら、不健康でも安くなる保険はないのでしょうか。

もちろん、そんなものは存在しません。

保険とは、病気や怪我をする確率や死亡する確率で保険料を算出する、保険数理で計算された商品ですから、その確率が高ければ、そのぶん保険料も高くなるのは当然です。

「持病があり、高齢でも入れて、しかも保険料が安い」という都合のいい保険などありえないのです。

そのため、以前は、持病があって保険に入れないという人も多かったのです。

しかし**近年では、持病があっても、高齢でも入れて、しかも保険料が安いと感じ**

させる保険が売られています。そして、健康な人よりも、病気がちで高齢の人ほど、こうした保険の広告やＣＭに惑わされ、加入してしまいがちなのです。

「持病があっても入れる保険」のカラクリ

「持病があっても入れる保険」のほとんどは、「引き受け基準緩和型保険」といって、当然ですが健康リスクがある人も加入しやすくなっています。

そのため、月々の保険料は、健康な人が加入する保険よりもずっと割高になっています。さらに加入して1年間は、一時金の支払い額が50％に削減される商品が多いです。

しかも、「引き受け基準緩和型保険」に加入するには、主に次の3つの条件を満たしている必要があります。

・過去2年以内に、入院・手術をしたことがない。
・過去5年以内に、がんで入院・手術をしたことがない。
・現時点で、がん・肝硬変と医者に診断または疑いがあると指摘されていない。

会社によっては、ここに「過去3ヶ月以内に入院や手術を勧められていない」とか、「うつ病などの精神疾患は対象外」などの条件が加わります。「持病があっても入れる」と言っているにもかかわらず、加入条件が厳しいのです。

「80歳でも入れる保険」のカラクリ

続いて、「高齢者でも入れる保険」についてです。

2010年代に「50・80 喜んで」というキャッチフレーズで有名になったアメリカンホーム・ダイレクトの商品を覚えていらっしゃいますか？

すでに売り止めになっている「人生まだまだこれからだ」という保険で、故地井《ちい》武男《たけお》さんのテレビＣＭが印象的でした。実際、「80歳でも、保険料が月々２８００円で掛け捨てではありません」というフレーズに惹《ひ》かれて加入を決めた高齢者は多くいたようです。

また、ＣＭには次のようなうたい文句も記されていました。

満50歳から80歳まで入れる保険で、医者の診査は不要、申し込みも郵便で書類を送るだけでＯＫ。葬式の費用を保障（条件あり）、怪我の治療費も実費で最高１００万円、賠償責任費用は最高で５０００万円。

この内容で保険料は月々２８００円、しかも年齢が上がっても保険料は変わらないというのですから、保険に入ろうにも保険料が超高額になる80歳近い人たちには魅力的に映るのは無理もありません。

しかし、**「人生まだまだこれからだ」には、思ってもいないカラクリが隠されて**

いました。

ＣＭの「葬式」という言葉からは「死んだら保険金が受け取れる」と想像してしまいます。また、「怪我」という言葉があるので、当然「病気も対象になる」と思ってしまいます。

それなのに、ＣＭでは死亡したら保険金が出るとも、病気で入院したら入院給付金が出るとも言っていません。

言っていないのではなく、言えないのです。

なぜなら、**「人生まだまだこれからだ」**は**「生命保険」ではなく、「損害保険」、しかも「傷害保険」だからです。**

「傷害保険」とは、日常生活で起きる様々な怪我（傷害）に対応する保険です。

「人生まだまだこれからだ」が「生命保険」ではなく「傷害保険」なのであれば、年齢が関係ないのは当たり前。

年齢が関係ないのですから、保険料が何歳でも月々２８００円で、年齢が上がっても変わらないのも当たり前。

「生命保険」のように、加入者が健康かどうかも関係ありません。もちろん、死んだ時の保障も、病気になった時の入院費の保障もないのです。

100万円は「最高で」という条件付きで、実際には支払った実費しか戻ってきません。これには、やられたと思った人が多かったのではないでしょうか。

健康であれば、生命保険の見直しを考える

「生命保険」には、お得な商品というものはありません。

もし、お得な保険に入りたいなら、加入後満額保障されない一定期間が経過した後、すぐに病気になって入院すればいいのです。そうすれば、最低限の保険料で満額の保険金を受け取ることができます。

もちろん、このケースが現実的ではないことはわかるでしょう。

ここまでのことから言えるのは、**健康であれば、保健に入る必要もないし、加入するにしても比較的安い保険料で済むということ。**

つまり、今健康に問題がない人は、生命保険を見直してみたほうがいいかもしれません。

節約ポイント

健康に自信があるなら、生命保険に加入しないのが最大の節約。

自動車保険

安全運転で得する「テレマティクス保険」

最近、高齢者が道路を逆走したり、ブレーキとアクセルを踏み間違える事故が増えていますが、警視庁によると、交通事故の発生件数は年々減っており、2021年は過去最少を更新しています。

また、2021年に事故を起こした65歳以上のドライバーは約16%で、この割合も2019年の約18%をピークに減少傾向にあります。

さらに2023年4月には、一定の条件下で、ドライバーのいない「レベル4」の自動運転が始まることが決まり、将来的には自動車の「自動運転」が主流になっていくと思います。

しかしながら、完全に自動運転になるのは2040年頃。高齢者でも安心して車移動ができるようになる社会の実現には、まだ時間がかかりそうです。

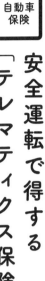

こうしたことを聞くと、「うちの親は大丈夫かしら」と心配になる方も多いでしょう。しかし、家族が免許を返納するよう勧めても応じない高齢者も多く、悩みの種になっているという声もよく聞きます。

こうしたなかで、注目を集めているのが、「**テレマティクス保険**」という自動車保険。この保険には「安全運転をすれば、保険料が安くなる」というメリットがあります。

運転を評価したレポートが送られてくる

「テレマティクス保険」は、すでに欧米ではポピュラーになりつつある自動車保険です（次ページの図3－1）。

テレマティクスとは、〝Telecommunication〟（遠隔通信）と〝Informatics〟（情報科学）を合体させた造語で、自動車などの移動体に無線通信を介して、様々な情報サービスを提供していくもの。

図3-1　欧米ではテレマティクス保険が浸透しつつある

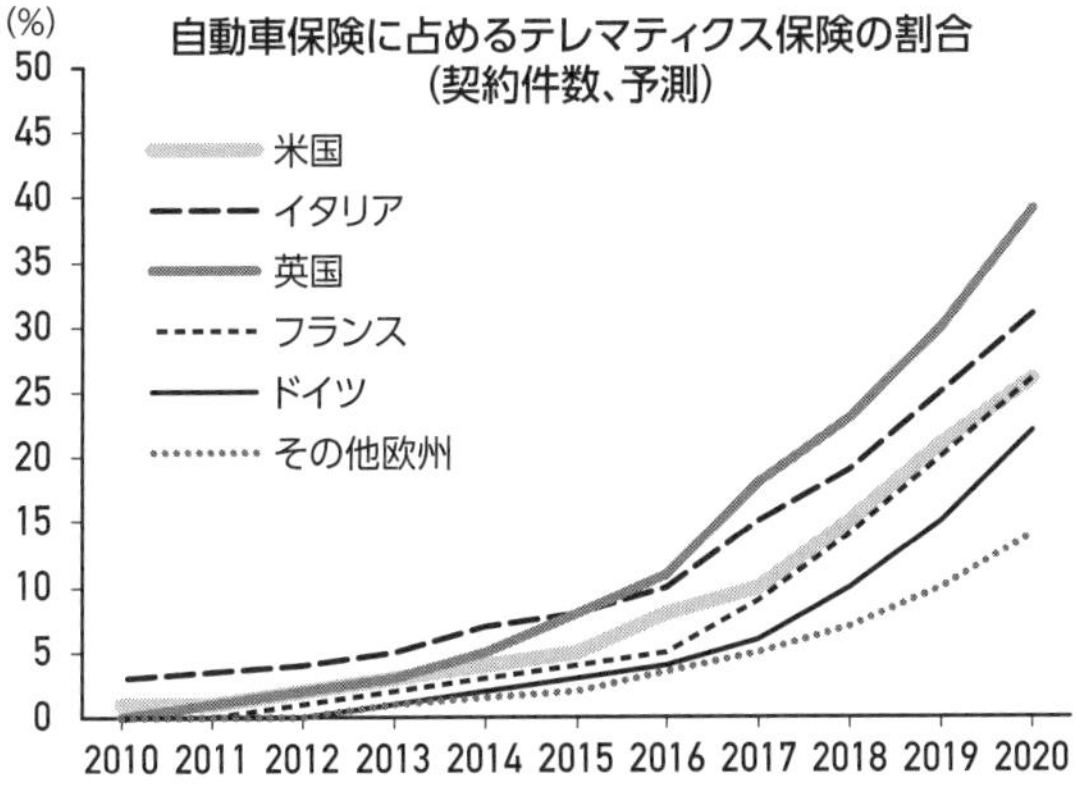

出所：「テレマティクス等を活用した安全運転促進保険による事故の削減について海外調査報告」

このテレマティクスを使った保険が、「**テレマティクス保険**」です。保険会社は、通信機能を持つ端末を車に設置。スマートフォンの専用アプリから、加入者の車の走行距離や運転の仕方といった情報を入手。そのデータを分析して、保険料を算定します。

たとえば、三井住友海上火災保険の「**GK見守るクルマの保険**」では、専用のドライブレコーダーが、前方衝突や車線逸脱、急なハンドル操作や車のふらつき、また高速道路で逆走すれば、「逆走していませんか？」などと警告してくれます。また、事故の衝撃を感知した時は、その映像や位置情報が自動で保険会社に送られ、オペレーターからドライバーに電話が入り、安否確認と事故の初期対応などをサポートしてくれます。

アラート情報や、運転を評価した毎月のレポートは、事前に登録すれば本人以外にも送ってもらえるので、親と離れて暮らす子供世代が、親の普段の運転状況を把握できます。

子供から親に「認知力も衰えてきたので、運転をやめたほうがいいんじゃないか」とは、なかなか言いづらいもの。

けれど、実際の運転データを分析したレポートを前にすれば、本人も免許返納を決意されるかもしれません。

☑事故を起こさなければ、保険料も安くなる

「テレマティクス保険」のもう1つの大きなメリットは、**安全運転なら加入している自動車保険の保険料が安くなるかもしれない**ということ。

安全運転を心がけて事故を起こさない人が増えれば、保険会社も保険金の支払いを減らせますから、そのぶん保険料を安くできるわけです。

たとえば、**ソニー損保の自動車保険「安全運転でキャッシュバックプラン」は、安全運転なら自動車保険の保険料が最大30％、キャッシュバックされます。**

安全運転とは、ふんわりとアクセルを踏んで発進し、運転中は車間距離を充分にとってハンドル操作もなめらかに行ない、止まる時も早めにブレーキを踏んでスムーズに停止するなど事故になりにくい運転方法です。

高齢者だけに限らず、これからは日本でも、こうした「事故を起こさず、保険料を安くする」自動車保険が、主流になっていくのではないでしょうか。

節約ポイント

自動車保険の保険料を下げたいなら安全運転は絶対条件。

第4章

「公的保険」を知れば、医療費は抑えられる！

「孫子の兵法」に学ぶ超・節約術

保険の幻想①

日本人は保険にお金を払いすぎ

「彼を知り、己を知れば、百戦殆《あや》うからず」

兵法の書としては随一と言われる中国の兵法書『孫子《そんし》』の「謀攻編《ぼうこうへん》」に書かれている孫子の言葉です。「相手を知り、自分が置かれた状況を知っていれば、何度戦っても負けることはない」ということ。

痩《や》せて健康になれば医療費を節約できますが、**不測の事態に備えて加入する保険料を「節約」するうえで知っておきたい「相手」と「自分」を、「民間保険」と「公的保険」にたとえて、ここから説明していきます。**

なぜなら、自分は「民間保険」が本当に必要なのか、すでに自分が入っている「公的保険」にどれくらいの実力があるのか、それを知って賢く利用するだけで、ものすごい節約効果が得られるからです。

マイホームに次ぐ高い買い物

まずは、「民間保険」ですが、皆さんは、年間どれくらいの保険料を払っているのか、きちんと把握していますか？

日本の世帯の約9割が「生命保険」（個人年金保険を含む）に加入しています。

それだけでなく、保険料の支払い金額も多く、生命保険文化センターが実施している、「2021年度生命保険に関する全国実態調査」によると、**1世帯あたり支払っている個人年金保険を含む保険料は、年平均37万1000円。**つまり、平均で月額約3万円もの保険料を支払っているのです。

生命保険は、長く加入し続ける人が多いので、この保険料を20年間払い続けると約742万円、30年間払い続けると約1113万円、40年間だと1484万円も払うことになります。マイホームに次ぐ、高い買い物になるということです。にもかかわらず、**ほとんどの人は大きな病気をせず、死なずに保険期間を終えます。**

じつは私も40年近く生命保険に加入し、かなりの保険料を支払ってきましたが、今までに「生命保険」からもらったお金は、出産の時に帝王切開で入院した時の15万円だけです。

生命保険は、万が一の時に保険が支給されるのでありがたいですが、**掛け捨ての場合、私のようにずっと健康であれば、支払った保険は戻ってきません。**どんな医療保障、死亡保障がついていても基本は同じ。

だとしたら、「民間保険」に入るなら、必要最低限、つまり「公的保険」では賄《まかな》えない部分だけでいいというのが私の考えです。

節約ポイント

自分が毎年どれくらい民間保険料を支払っているか確認する。

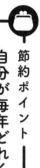

保険の幻想②

日本人の「常識」は、世界の「非常識」

あまり知られていませんが、欧米の人は必要最低限の保険にしか入りません。

ところが日本人は「生命保険」に加入する世帯が多いうえに、「必要なぶんだけ入る」のではなく、「**イザという時にどれくらいお金が必要になるのかわからないので、とりあえず多めに保険に入っておく**」**という発想の人が多い**ようです。

そのため、日本の生命保険会社はたくさんのお金を集められ、大都市の一等地に大きなビルを建て、その資金力で世界でも有数の巨大な機関投資家と言われています。

「生命保険」の市場規模を見ると、日本はアメリカ、中国に次いで世界3位の市場規模です(121ページの図4−1)。

アメリカが1位なのは、そもそも人口が日本の約2・7倍で多いのと、**日本のように「国民皆保険制度」がないので、入院したらべらぼうに高い医療費がかかる**ため、アメリカ人は必要最低限の保険に入らざるをえないからです。

州や病院にもよりますが、仮に盲腸《もうちょう》の手術を受けると、300万円前後はかかると言われています。ところが日本では、同じ盲腸の手術が、自己負担6万円～8万円程度で済みます。

「自分」より「相手」のセールストークを信じてしまう

もちろんアメリカにも、「公的医療保険」はありますが、高齢者と低所得者を対象としたものに限られているので、多くの人は「民間保険」に入るしかありません。

アメリカではかつて、無保険状態の人を減らすためにオバマ元大統領が「オバマケア」を提唱しましたが、加入できる低所得者の範囲が拡大されただけで、運営す

図4-1　日本の「生命保険」市場は世界3位

■生命保険料規模　上位5カ国（2020年）

順位	国名（地域名）	収入保険料（億円）
1	**アメリカ**	**682,163**
2	中国	374,732
3	**日本**	**317,527**
4	英国	257,571
5	フランス	147,294

Swiss Re社発行の「sigma No.3/2021」をもとに作成

るのは民間会社です。しかも、保険によって診《み》てもらえる医師が近くにいないケースもあります。日本の「国民皆保険制度」のような整備されたものではないために、国民は自分で多額の保険に加入せざるをえず、アメリカの「生命保険」の市場規模は世界一となっているのです。

一方、**日本には世界に誇れる優秀な「公的保険」があります。**ところが、この「公的医療保険」の保障内容を十分に理解せずに、当たり前のように「生命保険」にも加入するのが平均的な日本人。これでは、世界から「日本人は保険好き」と揶揄《やゆ》されてもしかたありません。

このような状況になってしまうのは、**「自分」が加入している「公的保険」について**よく知らず、**保険を売る「相手」のセールストークを疑うことなく信じてしまうから**でしょう。

「公的保険」の保障内容を知り、それで不足すると思われるぶんだけ民間の生命保険で補えばいいわけで、それほど多額な「生命保険」に入る必要はないのです。

「公的保険」の内容については、この後詳しく説明していきます。

節約ポイント

「民間保険」に加入する前に「公的保険」の保障内容を理解する。

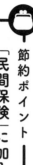

公的保険の実力

有事にも強い味方になる

日本では、だれもが「公的保険」に加入しなければなりません。

会社員は会社の「健康保険」に加入し、フリーターやアルバイト、パート、自営業者、主婦などの多くは、「国民健康保険」に加入しています（一定条件を満たすアルバイトやパートは、会社の「健康保険」に加入できます）。

そして、会社員なら給料から天引き、自営業者なら市町村に納付というかたちで、健康保険料を支払っています。収入によっては、介護保険も含めて年間100万円を超える保険料を支払う人もいます。会社に勤めている人は、給料明細を見るたびに「こんなに払っているのか！」と痛感していることでしょう。

その代わり、病気になった時には少ない自己負担で、治療を受けられます。

それに加えて**「公的年金」が、民間の「生命保険」と同じような役割を果たしています。**

「公的年金」は、老後に年金をもらう「老齢年金」のほかに、被保険者が他界しても残された家族の生活を支える「遺族年金」、傷害を負った時に生活を支える「障害年金」があるからです。

つまり、仮に家族全員が病気になったり怪我をしても、自分が死んで家族が残されたとしても、すぐに生活に困ることがないだけの基本的な保障は、公的に約束されているのです。

☑新型コロナ禍では、「公的保険」が大活躍

日本に住んでいる人なら、収入に応じた健康保険料を毎月支払っているだけあって、イザという時の保障の手厚さには目を瞠《みは》るものがあります。しかも、本来はもっと多くの保険料を徴収しなくてはならないところ、国や地方の税金などの公費を

投入して保険料を下げています。

その真価が発揮されたのは、新型コロナ禍でした。

通常、病気や怪我で治療を受けたり入院したりすると、公的保険に加入している人の多くは、基本的にはかかった医療費のうちの3割を自己負担します（70歳以上は、1割～3割負担）。

けれど、新型コロナによる治療や入院では、医療費全額が公費で賄われました。

PCR検査も、自治体が検査を委託《いたく》する医療機関や保健所で、検査が必要と判断された人、濃厚接触者と認定された人などの検査費用は無料で行なわれました。

ワクチンの接種もすべて無料でした。

コロナに感染して会社を休み、給料が支給されなかった会社員には「傷病手当金」が支給されましたが、自治体の負担で自営業者にまで適用範囲を広げたところもありました。

その意味では、普段から「公的保険」に高い健康保険料を支払っていたことは、無駄ではなかったと言えるし、そのために私たちの税金も多く使われました。

そう考えると、「公的保険」はおろそかにはできないものです。

☑2つの制度を使いこなせば、かなりの医療費が戻ってくる

ここからは、公的保険の実力について詳しく説明していきます。

「公的な医療保険」に関して言えば「高額療養費制度」と「傷病手当金」の2つを知っておけば、病気で働けなくなっても心配いらず。多額の保険料を支払う「民間保険」に入る必要はありません。

高額療養費制度……1ヶ月の健康保険対象の医療費が一定額を超えたら、超えた額を支給してくれる制度

傷病手当金……病気や怪我で会社を休んでいる間、給付されるお金

日本の「公的保険」では、小学校入学前の子供は、かかった医療費の2割を自己負担します（最近は自治体によって医療費の助成制度があり、無料になるところも多いようです）。小学校に入学してから69歳までは、かかった医療費の3割を自己負担します。

70歳から74歳までは、収入が低い人は2割負担、収入の高い人は3割負担します。そして75歳以上は、収入によってかかった医療費の1割から3割が自己負担となっています。

3割負担ということは、治療と入院で月に100万円かかったとしたら、そのうち3割の30万円は、治療を受けた人が負担しなくてはいけないということ。

ただ、30万円のうち一定額以上は、「高額療養費」の申請をすれば、支払った医療費が戻ってきます。

また、会社を休んだ期間に十分な給与が支払われなかった場合は、「傷病手当金」が支給されるので、なんとか家族で暮らせるようになっています。

次項から、それぞれの特徴を見ていきましょう。

節約ポイント

イザという時にこそ「公的保険」の真価が発揮される。

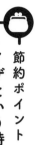

高額療養費制度

100万円の医療費が9万円弱に

図4-2　高額療養費制度とは？

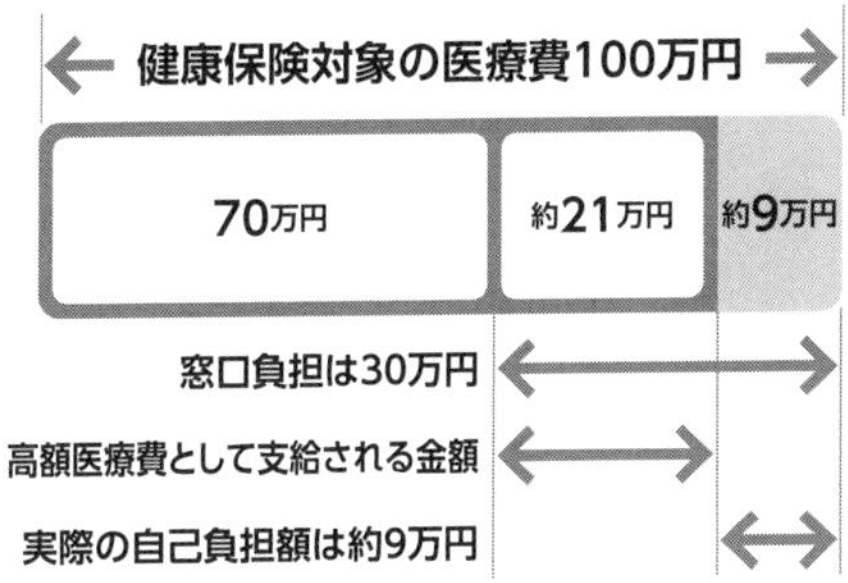

「高額療養費制度」は、保険対象の医療費を一定額以内に抑え、自己負担を軽くする制度です。

たとえば、入院して健康保険対象の医療費が月に100万円かかったとします。69歳までは3割負担ですから、自己負担額は30万円です。

ただ、実際には「高額療養費制度」があるので、**病院の窓口でいったん30万円を支払ったとしても、後で申請すれば約21万円が戻ってきます**（図4－2）。

また、あらかじめ手続きをして「認定証」を入手しておくと、病院の窓口で上限額を超えるぶんを支払う必要はありません。

「**高額療養費制度」の自己負担限度額は、年収と年齢によって変わります。**年齢は、「70歳未満」と「70歳以上」の2段階になっています。

《「高額療養費制度」の自己負担限度額：70歳未満のケース》

入院して多額の医療費がかかった場合でも、住民税非課税の人（区分オ）なら、月に3万5400円を超える額は申請すれば戻ってくることになっています。

年収約370万円までの人（区分エ）の自己負担限度額は、5万7600円。**約370万円から約770万円という一般的な年収の人（区分ウ）なら、100万円の医療費を支払った場合でも自己負担限度額は8万7430円となります（次ページの図4－3）。**

しかも、家族全員が同じ保険に加入していると、一世帯で1ヶ月にかかった医療費を合算でき、「高額療養費制度」でお金が戻ってきます。

図4-3　「高額療養費制度」の自己負担限度額：70歳未満の方の区分【平成27年1月診療分から】

所得区分	自己負担限度額	多数該当※2
① 区分ア (標準報酬月額83万円以上の方) (報酬月額81万円以上の方)	252,600円+(総医療費※1−842,000円)×1%	140,100円
② 区分イ (標準報酬月額53万円〜79万円の方) (報酬月額51万5千円以上〜81万円未満の方)	167,400円+(総医療費※1−558,000円)×1%	93,000円
③ 区分ウ (標準報酬月額28万円〜50万円の方) (報酬月額27万円以上〜51万5千円未満の方)	80,100円+(総医療費※1−267,000円)×1%	44,400円
④ 区分エ (標準報酬月額26万円以下の方) (報酬月額27万円未満の方)	57,600円	44,400円
⑤ 区分オ(低所得者) (被保険者が市区町村民税の非課税者等)	35,400円	24,600円

※1　総医療費とは保険適用される診察費用の総額（10割）です。
※2　療養を受けた月以前の1年間に、3ヵ月以上の高額療養費の支給を受けた（限度額適用認定証を使用し、自己負担限度額を負担した場合も含む）場合には、4ヵ月目から「多数該当」となり、自己負担限度額がさらに軽減されます。
注）「区分ア」または「区分イ」に該当する場合、市区町村民税が非課税であっても、標準報酬月額での「区分ア」または「区分イ」の該当となります。

全国健康保険協会HPをもとに作成

たとえば、父親と母親、2人の子供の1ヶ月の医療費が合計で400万円だったとしても、年収約370万円〜約770万円の世帯収入（区分ウ）なら、支払うのは11万7430円で済みます。

さらに、「高額療養費制度」では、1年間（直近12ヶ月）で3ヶ月以上あった時は、3ヶ月目までは自己負担限度額が前ページの図4－3のような金額になりますが、**4ヶ月目からは、自己負担限度額がさらに下がり、4万4400円になります**（多数該当の欄を参照）。

《「高額療養費制度」の自己負担限度額：70歳以上》

70歳以上だと、年収が約156万円〜約370万円に該当する人が多いですが、この場合、**入院して医療費が1ヶ月に100万円かかっても、自己負担限度額は5万7600円となります**（次ページの図4－4）。

仮に夫が77歳で「後期高齢者保険」に加入し、妻が74歳で「国民健康保険」に加

図4-4　「高額療養費制度」の自己負担限度額：70歳以上の方の区分（平成30年8月診療分から）

被保険者の所得区分		自己負担限度額 外来（個人ごと）	自己負担限度額 外来・入院（世帯）
① 現役並み所得者	現役並みⅢ（標準報酬月額83万円以上で高齢受給者証の負担割合が3割の方）	252,600円＋（総医療費−842,000円）×1%［多数該当:140,100円］	
	現役並みⅡ（標準報酬月額53万円〜79万円で高齢受給者証の負担割合が3割の方）	167,400円＋（総医療費−558,000円）×1%［多数該当:93,000円］	
	現役並みⅠ（標準報酬月額28万円〜50万円で高齢受給者証の負担割合が3割の方）	80,100円＋（総医療費−267,000円）×1%［多数該当:44,400円］	
② 一般所得者（①および③以外の方）		18,000円（年間上限14.4万円）	57,600円［多数該当:44,400円］
③ 低所得者	Ⅱ※3	8,000円	24,600円
	Ⅰ※4		15,000円

※3　被保険者が市区町村民税の非課税者等である場合です。
※4　被保険者とその扶養家族全ての方の収入から必要経費・控除額を除いた後の所得がない場合です。
注）現役並み所得者に該当する場合は、市区町村民税が非課税等であっても現役並み所得者となります。

全国健康保険協会HPをもとに作成

入していると、夫婦で加入している保険が違うため「世帯合算」はできません。

ただし、妻が75歳になると、2人とも「後期高齢者保険」に加入するため、医療費を「世帯合算」できます。2人合わせて自己負担限度額の5万7600円しかかかりません。

「医療費2割負担」に引き上げも心配不要

2022年10月から、75歳以上の高齢者で、医療費の自己負担がそれまでの1割から2割に上がる人が出てきました。

それまで、75歳以上の単身者だと年収383万円未満は1割負担。世帯内に2人以上いる場合には、世帯年収520万円未満は1割負担でした。この額を超える収入の方だけが、3割負担でした。

けれども、2022年10月からは、この1割負担だった人のうち約2割が、医療費を2割負担することになったのです。

対象となるのは、世帯内に後期高齢者が1人の場合なら年収200万円〜383万円未満、2人以上なら世帯年収が320万円〜520万円未満の方たちです。**2割負担になった人は、約370万人いました。**

食料品や電気代など生活に不可欠なものがどんどん値上がりしているなか、医療費もそれまでの2倍の負担になり、不安を感じている高齢者もいらっしゃることでしょう。

ただ、今まで1割負担だった人が、いきなり2割負担になると負担感が大きいので、**2022年10月から3年間は移行期間として、外来（通院）での窓口負担の増加額を1ヶ月最大3000円に抑える措置が取られています（入院の医療費は対象外）。**

たとえば、2022年10以降に自己負担が2割になった人で1ヶ月の医療費が5万円かかった場合、それまでは1割負担で5000円でしたが、2割負担だと1万円で負担額が倍になってしまいます。

そこで2025年9月30日までは、負担増加額を3000円に収めるという配慮措置があり、実際には3000円＋5000円（1割負担分）の8000円となり、窓口で支払った1万円との差額2000円が後日戻ってきます。

さらに前述の「高額療養費制度」を使えば、たとえば年収350万円の高齢者で、医療費が100万円かかった場合、2割負担で20万円支払っても、申請すれば1割負担の人と同じ5万7600円で済み、差額が戻ってきます。

「高額療養費制度」が改悪されない限り、医療費の自己負担額が大幅に増えるのではないかと、必要以上に心配することはないでしょう。

節約ポイント

万が一の入院の時も、「高額療養費制度」を使えば、医療費は負担限度額に抑えられる。

傷病手当金①

仕事を休んでもお金がもらえる

「高額療養費制度」と並んで、もう1つの「公的保険」のありがたい制度が「傷病手当金」です。

病気や怪我の高額な医療費は「高額療養費制度」でカバーできても、働けなくなった場合の収入が心配になる人は多いはず。

でも、ご安心あれ。**会社勤めで「健康保険」に加入している人たちは、病気や怪我で会社を休み、給料が支払われなかった時に支給される「傷病手当金」があります。**

怪我や病気で連続して4日以上（待機期間が3日）休んで、その間給与が支払われなかった場合、通算最長で1年6ヶ月間、給料の3分の2が支給されます。

たとえば、月給が30万円の人が、病気で1ヶ月会社を休み、その間事業主から十分な報酬を支給されなかったとします。

この場合、1ヶ月（30日）から待機期間の3日を引いた27日が、支給の対象となります。月給30万円だと、1日あたりの支給額は約6667円となります。その27日分の18万円が、「健康保険」から支給されます。

さらに病気が長引いて1ヶ月会社を休み、その間事業主から十分な報酬を支給されなかった場合には、待機期間がないので、30日分の「傷病手当金」20万円が支給されます。

パートやアルバイトももらえるケースが多い

「傷病手当金」をもらえるのは会社員だけではありません。

2022年10月からは、パートやアルバイトでも従業員数が101人以上の企業で働き（学生を除く）、週の労働時間が20時間以上、月額賃金が8万8000円以

上で、２ヶ月を超える雇用の見込みがあれば、会社の社会保険への加入が義務付けられました。

さらに、２０２４年10月からは、従業員51人以上の事業所に勤めるパートやアルバイトまで対象範囲が広がります。

民間の「医療保険」の多くは、入院もしくは通院していなければ保険の給付金が出ませんが、「傷病手当金」は、自宅での療養でも、仕事に就《つ》けない状況と判断されれば支給されます。その点は、民間の「医療保険」よりも安心です。

節約ポイント

働けない状況に陥《おちい》った時も、社会保険で最長で１年６ヶ月間、「傷病手当金」が支給される。

傷病
手当金
②

「傷病手当金」と民間の保険、どっちがお得？

一家の大黒柱が病気などで働けなくなると、家計が逼迫《ひっぱく》します。そのため、働けなくなった時の収入を保障してくれる、民間の「就業不能保険」や「就業不能保障特約」に加入する人が増えています。最近テレビCMでもよく見かけますね。

生命保険文化センターの「2021年度生命保険に関する全国実態調査」では、生命保険に加入している世帯のうち、「就業不能保険」や「就業不能保障[illegible]約」に加入している世帯は、29歳以下が26・5%、30歳から34歳が最も高[illegible]1[illegible]%前6%、35歳から40歳が30・9%、40歳から54歳が26〜28%、55歳から[illegible]後。

働けなくなることへの不安が大きい若い人ほど、「就業不能保障保険」に加入す

る傾向にあるようです。

ただ、あわてて加入する前に、民間の「就業不能保障保険」と、「公的保険」の「傷病手当金」を比べてみましょう。

受け取り開始日
「公的保険」は、病気で休めば4日目から給付対象

民間の「就業不能保障保険」には様々なタイプがありますが、病気や怪我で働けなくなって2ヶ月ほど経過しても状況が変わらないことが確認できないと、保険金が受け取れないケースが多いです。

また、その間、入院し続けていないと給付金が受け取れない保険もあり、治療が長引く傾向にある精神性の疾患は対象外になることも。

一方、**「健康保険」の「傷病手当金」は、通算で最長1年6ヶ月間支給され、対象にならない待機期間も最初の3日間だけ。**

給付金は、申請してから半月〜1ヶ月、審査に時間がかかると2ヶ月程度かかりますが、2回目以降は最短で振り込まれます。しかも、入院していなくても、仕事に就けない状況なら自宅療養でも対象になります。

新型コロナウイルス感染症では、自覚症状がなくても、PCR検査の結果「陽性」と判断されれば、自宅療養となりました。コロナに感染してもひどい症状に悩まされない限り、2ヶ月以上療養するケースはあまりないので、「就業不能保障保険」よりも4日目から支給される「傷病手当金」に助けられた人は多かったのではないでしょうか。

受領期間

「傷病手当金」は働きながらでも、通算で最長1年6ヶ月間支給

「傷病手当金」をもらえるのは、同一の病気ではこれまで最長1年6ヶ月間でしたが、2022年1月からは、通算で1年6ヶ月間までが対象となり、その間に出勤した日などは除かれることになりました。

たとえば、がんなどは、治療中に良くなったり悪くなったりすることがあり、治療を受けながら休職と復職を繰り返す人も多くいます。

厚生労働省によれば、日本の労働人口の約３人に１人が何らかの病気を抱えながら働いているようです。

働き方改革で様々な両立支援策が行なわれていて、働いている期間は会社から給料をもらい、病気が再発して調子が悪くなったら「傷病手当金」を受け取りながら会社を休ませてもらうという対応も可能です。**つまり、治療を受けながら仕事を続けたい人にとって、働いている間をカウントされないのはありがたい。**

また、通算で１年６ヶ月を過ぎても病気や怪我が治らない場合、障害の程度によっては、「障害年金」をもらうという手段もあります。

民間の「医療保険」は、保障金給付期間が２ヶ月など短いものが多いので、約２ヶ月後から給付金が出る「就業不能保障保険」を組み合わせれば、「長く保険金を受け取れます。

ただ、そのためには民間の**「医療保険」と「就業不能保障保険」の２つに加入な**

くてはならず、保険料もそのぶん高くなります。「傷病手当金」と同額を給付してもらおうと思ったら、年齢にもよりますが、月1万円以上の保険料は覚悟しなくてはなりません。

月1万円の保険料となると、年間12万円、10年間で120万円、20年間で240万円の出費です。それなら民間の医療保険には加入せず、万が一に備えて貯金しておくという方法もあります。

ただし、「傷病手当金」のない自営業などの方は、「就業不能保障保険」や病気や怪我で減った収入を補償する「所得補償保険」(傷害保険)への加入を検討してもいいかもしれません。

節約ポイント

民間の「就業不能保障保険」は、給付されるまでに時間がかかり、様々な条件もあることを知っておく。

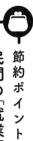

有給休暇

フリーターやアルバイトは「休む権利」を放棄しない

会社員や、１３８ページで説明したように、社会保険に加入できるようになったパートやアルバイトの方はイザとなれば「傷病手当金」が受け取れるので、民間の「医療保険」や「就業不能保障保険」はそれほど必要ないかもしれません。

しかし、「国民健康保険」だけに加入していて、「傷病手当金」がない、フリーターやアルバイトはどうすればいいでしょうか。

フリーターやアルバイトには、怪我や病気で仕事を休んでも収入の補償がありません。そこで確認しておきたいのが、**「有給休暇」**と**「労災保険」**です。

「有給休暇」は、給料をもらいながら取得できる休みです。**週に働いている時間が**

図4-5　継続勤務期間に応じて付与される有給休暇の日数

週所定労働日	1年間の所定労働日	継続勤務年数						
		6ヶ月	1年半	2年半	3年半	4年半	5年半	6年半以上
5日以上	217日以上	10日	11日	12日	14日	16日	18日	20日
4日	169日～216日	7日	8日	9日	10日	12日	13日	15日
3日	121日～168日	5日	6日	6日	8日	9日	10日	11日
2日	73日～120日	3日	4日	4日	5日	6日	6日	7日
1日	48日～72日	1日	2日	2日	2日	3日	3日	3日

※週所定労働時間が30時間未満かつ、週所定労働日数が4日以下、または1年間の所定労働日数が48日～216日の労働者に適用

厚生労働省HPをもとに作成

30時間未満のフリーターやアルバイトでも、半年以上継続して働いていれば、有給休暇が取得できます。上の図4－5のように、働いているのが週に4日以下（年間で48日～216日）の場合でも対象となります。

たとえば、週1日勤務でも、同じ職場で6年半以上働いていれば、年間で3日の「有給休暇」を取得できるということは、あまり知られていないのではないでしょうか。

じつは、有給休暇が年に10日以上取れる労働者には、最低5日以上の「有給休暇」を与えないと、雇い主が罰金

を払わなくてはならないという改正労働基準法が２０１９年4月に施行されています。

それを知らない経営者も多いようですので、まずはこの「有給休暇」の取得を検討してください。

節約ポイント

フリーターやアルバイトは、現在の蓄えや「有給休暇」をしっかりチェックし、不足ぶんを民間の保険で補うといいでしょう。

労災保険

コロナに感染しても適用される

働いている最中の病気や怪我には、「労災保険（労働者災害保障保険）」が適用されます。

「労災保険」と聞いても馴染《なじ》みがないという方も多いかもしれませんが、**仕事や通勤途中の事故で負傷、疾病《しっぺい》、高度障害、死亡などの業務災害を被《こうむ》った人や遺族などの生活を守ってくれる公的保険制度**です。

労働者を1人でも雇っている会社では、「労災保険」の加入が法律で義務付けられており、保険料は全額事業主が負担します。

正社員だけでなく、パートやアルバイト、日雇い、季節労働者などすべての労働者が、雇用形態や勤務日数、勤務時間にかかわらず対象になります。派遣社員の場合には、派遣元の事業主が加入します。

この「労災保険」は、新型コロナ感染症にも適用されました。

新型コロナ感染症については、当初、医師や看護師、介護職などを「労災保険」の対象とするものの、職場でのクラスターなどへの対応は曖昧《あいまい》でした。

そこで厚生労働省は、感染経路が職場だと明らかな場合だけでなく、**感染経路が特定できなくても、感染者が出た職場での業務や不特定多数への接客など、業務での感染リスクが高い場合には、「労災保険」給付の対象としました。**

企業の労災保険料の負担増を国が肩代わり

「労災保険」は、会社側の手続きが複雑なだけでなく、事業内容、事業規模によっては事業主が支払う保険料が増額になるケースもあり、労災の申請を渋《しぶ》る会社もありました。

そこで**2022年1月からは、新型コロナ関連なら、いくら「労災保険」の給付**

が増えても、事業主が負担する保険料は変わらないという特例措置が取られました。

その結果、新型コロナウイルス感染症に係る月別労災請求では、22年1月の請求件数は572件でしたが、最も多かった10月には2万4024件と、なんと請求件数は約42倍に増えています。これにより、労災保険の給付を受けられた件数も10月には1万8726件と大幅に増えています。

このほかにも、労災の適用範囲は意外に広いので、病気にかかったり怪我をした場合は、人事関連部署などに確認してみてましょう。

節約ポイント

民間の「コロナ保険」への加入を検討する前に、「労災保険」の実力を知ろう。

第5章

薬代はとことん減らせ!

荻原流・とっておき節約術ベスト10

医療費の節約術①

処方薬は、院内薬局、駅前薬局が安い

医療費には、意外と知られていない「節約のコツ」があります。

太っていたら痩《や》せて健康になり、医者にかからないのが一番なのですが、どんなに注意していても、避けられない怪我や病気もあります。

本章では、怪我や病気にかかった時の病院へのかかり方や薬代など、節約ポイントを10にまとめました。１００万円には遠いですが、塵《ちり》も積もれば山となるはず。お得な制度や仕組みを覚えておきましょう。

薬局によって薬代が違うワケ

医者に診察してもらって薬が必要な時は。処方箋《しょほうせん》を渡されます。

医者の処方する薬なら、どの薬局に持っていっても、支払う薬代は同じだと思われる方も多いでしょう。

ところが実際は、**薬局によって支払う額は若干違う**のです。

なぜ、同じ処方箋に従って薬を出してもらっても、薬局によって薬代が違ってくるのでしょうか。

じつは、調剤薬局で払う薬代は、次の４つの要素でその金額が決まります。

《1》調剤技術料
《2》薬学管理料
《3》薬剤料
《4》特定保険医療材料料

このうち、《3》の薬剤料は、医薬品の料金、《4》の特定保険医療材料料は、医療材料の価格なので、全国どこの薬局でも同じです。

けれども、**《1》と《2》は、薬局によって違います。**

《1》の調剤技術料とは、ひと月の調剤処理の実績状況によって変わります。多くの病院の処方箋に対応している薬局は、数をこなすことができるので、1件あたりの調剤技術料が安くなるのです。

《2》の薬学管理料は、保守管理費用に相当するもので、ここには薬剤師による説明も含まれています。これも、大量のデータを管理している薬局は「数のメリット」により多少安くなります。

ですから、病院の中にある院内薬局と、病院のすぐ近くにある門前薬局は、処方箋をもらった患者の多くが利用するため、《1》や《2》の費用が安くなるというわけです。ところが、病院から遠く離れたところにある薬局は、来る人が少ないので、そのぶん少し高くなる傾向がある。

とはいっても、健康保険が適用されるので差は数十円程度。いつも混んでいて待たされる院内薬局や門前薬局よりも、空《す》いていてじっくり話もできる少し離れた薬局がいいという人もいるでしょう。薬代と時間を天秤《てんびん》にかけて、自分に合ったところを選んでください。

今は、わざわざ病院や薬局に行かなくても、自宅にいながら症状を診てもらい、薬をもらうこともできます。

オンライン診療と服薬指導は、当初は離島や過疎地など医療施設が充実していないエリアを対象に始められたのですが、２０２０年の新型コロナウイルス感染症の拡大を機に、広く利用できるようになりました。

こうした流れを受けて、処方箋をスマートフォンなどで送信すれば、薬を自宅に届けてもらうことも可能になっています。

病院や薬局に行くための交通費がいらなくなるという点では、大きな節約になるでしょう。ただし、宅配便などで薬を届けてもらうと送料は患者負担になります。

節約ポイント

オンライン診療と服薬指導で、待ち時間や交通費が節約できる。

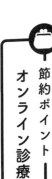

医療費の節約術②

いきなり大病院に行かない

「近所の小さな病院よりも、設備が整った大病院に行ったほうが、なんとなく安心だから」と言って、**紹介状もなくいきなり大病院で診察を受けると、何時間も待たされたあげく、初診料のほかに7000円以上（2022年10月改訂）の「特別料金（選定療養費）」が上乗せされます。**

病院によっては自由に設定できるため、1万5000円近く上乗せするところもあり、要注意です。しかも、この特別料金には、保険がききません！

たとえば、初診で5000円かかった場合は、健康保険の3割負担なら、自己負担は1500円になります。

けれど、この人が紹介状もなく大病院に行き、その病院の「特別料金」が1万円だったとすれば、この1万円は健康保険対象外のため、初診料と合わせて

１万１５００円を窓口で支払わなくてはなりません。

紹介状を書いてもらうには２５００円の「診療情報提供料」がかかりますが、３割負担の場合、自己負担額は７５０円なので２２５０円で済みます。

２２５０円支払うのと１万１５００円支払うのでは大違い。なぜ、こんなことになっているのでしょうか？

大病院は、軽度な病気の人がたくさん来られても困る

この制度が導入された背景には、平成12年の診療報酬改定で、「**病院は入院治療や専門診療を、診療所は外来診療を**」という機能分担と連携を促進してきたことがあります。

大病院の外来患者は、患者全体の約４割を占めていると言われます。外来患者の中には、近所の小さな診療所でも充分に対応できるような風邪などの軽症の人もいて、こうした人がたくさん大病院に来ることで、本来は大病院でしか診《み》てもらえな

いような重症患者が、充分な治療を受けられないことが危惧《きぐ》されていました。

そこで、大病院で継続的に治療を受けなくてはいけない人以外は、なるべく近所の診療所で診てもらうように、厚生労働省では身近で頼りになる「かかりつけ医」を持つことを推奨しています。

そして、近所の医者の手に負えないような病状の患者だけが、その医者の紹介状を持って大病院に行くようにし、紹介状を持たずに大病院に来る人には、高額な特別料金というペナルティーが課せられるようにしたのです。

ただし、紹介状がなくても、救急車で運ばれてきた方や、国や地方公共団体等の難病の指定を受けている人は特別料金がかかりません。

☑「かかりつけ医」には信頼できる人を選ぶ

「かかりつけ医」とは、健康に関する相談や、傷病によっては専門の医療機関を紹介してくれる、身近で頼りになる地域医療を担う医師のことです。

「かかりつけ医」は、日頃の健康状態を把握してくれているので、病気の予防や早期発見、早期治療が可能になるというメリットもあります。

身近に信頼できる「かかりつけ医」がいないという人は、地域医師会や自治体のホームページや厚生労働省の医療機能情報提供制度（医療情報ネット）を見て探したり、地域で行なわれている健康診断で受診してみるなどして、どんな医者なのか話してみるのもいいでしょう。

子供の場合は、**学校医をしている先生などは、地域の人からも信頼されている方が多いので、予防接種の機会などを利用して医師と話してみましょう。**日頃から健康管理や健康教育に熱心で、病気にならないための様々なアドバイスをしてくれるような方だと安心です。

ただ、どんなにいい医者でも、家から遠く、通うのに時間がかかる場合、定期的に通院しなくてはいけないような病気になったら面倒です。

薬を多く処方したり、専門用語が多く説明がわかりにくいような医者も避けたほうがいいかもしれません。

医者も人間ですから、相性というものもあります。「かかりつけ医」とは長い付き合いになる可能性があります。ですから、親身になって相談にのってくれる、話しやすい医師であることが大切。自分だけでなく、家族にも適切でわかりやすい情報提供をしてくれる人だとなお安心です。

節約ポイント

自分の住む地域で、何でも相談できる「かかりつけ医」を見つけると医療費も節約になる。

医療費の節約術③

「かかりつけ薬局」＋「お薬手帳」で、薬代が安くなる

「かかりつけ医」だけでなく、「かかりつけ薬局」も決めておきましょう。

とくに頻繁に薬局で薬をもらうことの多い高齢者の場合は、複数の医療機関に行って、そのたびにいろいろな薬をもらっていると、自分ではわからないうちに薬が重複しているケースも出てくるからです。

しかも、たくさんの病気を抱えて複数の病院に通っていると、様々な薬をもらいますが、薬の飲み合わせが悪かったり、薬同士の副作用で体調を崩したりすることも。

そんな時、薬について相談できる「かかりつけ薬局」が決まっていると、患者の

体質を把握している薬剤師に、症状に応じたアドバイスをもらえます。

お薬手帳があれば、40円のお得！

病気によって複数の医療機関で治療を受けていて、それぞれの病院で数種類の薬を処方してもらっている人こそ、「お薬手帳」を活用してください。

「お薬手帳」とは、処方された薬の名前や量、服用回数、効能・効果、注意事項など、服用した薬の履歴を記録できる手帳です。

「お薬手帳」があれば、違う病院に行ったり、災害時に緊急に薬が必要になった時なども、今服用している薬の情報を踏まえて処方してもらえます。また、複数の病院で診察してもらっている人は、薬の重複を避けることができます。

また、**3ヶ月以内に「お薬手帳」を持参して同じ薬局を利用すると、薬の調剤に**

図5-1　「お薬手帳」を持参すると、40円安くなる

同じ薬局を3ヶ月以内に再び訪れた場合の服薬歴管理指導料	
お薬手帳を持参した場合	お薬手帳を持参しなかった場合
450円(3割負担:140円)	590円(3割負担:180円)

3割負担の場合は
40円お得!

かかる「服薬歴管理指導料」が、「お薬手帳」を持っていない場合より40円安くなります。

ただし、3ヶ月以内に利用したのが別の薬局の場合は、お薬手帳を持参しても安くなりません。それでも、今までどんな薬をどのようにもらっているのかが把握できるので、「お薬手帳」は必ず持参するようにしてください。

政府は今後、現行の保険証を廃止して**「マイナンバーカード」に「マイナ保険証」を搭載することを義務付ける方針で、そうなると「お薬手帳」は必要なくなるかもしれません。**

ただ、2022年11月末の段階では、「マイナ保険証」が使える病院や薬局はまだ少なく、本人が同意すれば2021年9月以降の情報は参照できますが、それ以前は見られないので、やはり「お薬手帳」は持っていくべきでしょう。

節約ポイント

「お薬手帳」があると、薬の重複を避けることができる

医療費の節約術④

割り増し料金がかかる「時間外受診」は、できるだけ避ける

夜中に急な発熱で病院に駆け込んで、医者に診てもらう。こうした経験を持つ人は少なくないでしょう。小さな子供のいる家ではありがちですね。

日本は国民皆保険で、休日・全夜間診療が実施されているため、どんなに夜遅くとも、イザという時に診てくれる医師がいるのは心強い限りです。

しかしながら、**診療時間外に診てもらうと、高い割り増し料金がかかります。**

命がかかっているような病気や怪我なら、多少の割り増し料金がかかっても診てもらいたいものですが、そうでなければ「時間外加算」や「休日加算」「深夜加算」で高額になるので、できる限り避けたほうがいいでしょう。

図5-2　診療時間外の割り増し料金

		診療時間外の場合		
		時間外加算 おおむね8時前と18時以降 土曜は8時前と正午以降	**休日加算** 日曜・祝日 年末年始の休診日	**深夜加算** 22時～6時
医療機関	初診料 2,800円	+850円 (+2,300円*)	+2,500円	+4,800円
医療機関	再診料 730円	+650円 (+1,800円*)	+1,900円	+4,200円
保険薬局	――	調剤技術料と **同額を算定**	調剤技術料の **1.4倍を算定**	調剤技術料の **2倍を算定**

*(　)内は救急病院などの場合の金額です。　※上記金額には健康保険が適用されます。

全国健康保険協会HPをもとに作成

病院には、保健所に届け出をしている診療時間があります。

多くの病院は、平日は午前8時から午後6時まで、土曜日は午前8時から正午まで。年末年始を含む日曜・祭日は休みです。**病院が届け出た診療時間外に診療してもらうと、割り増し料金がかかります。**

図5－2は、診療時間外に診てもらった時の割り増し料金です。

ただし、割り増し料金には健康保険が適用になるので、**初診での深夜加算が4800円でも、3割負担の場合は1440円になります。**

救急車で運ばれるなど緊急性のあるやむをえない場合は、加算の対象にはなりませんが、逆に、緊急性がないのに時間外に大病院で診療してもらうと、診療費用のほかに、病院が独自で決めた「特別料金」を請求される場合もあるので気をつけましょう。特別料金は、健康保険が適用されず全額自己負担です。

最寄りの病院の診療科目や診療日・時間を知りたければ、厚生労働省の医療情報ネットで調べてみましょう。都道府県単位で医療機関を検索できます。

ちなみに**夜間や早期、休日も診療している診療所や薬局では、診療時間内でも「割り増し料金」がかかります。**薬局でも夜間・休日は時間外加算として400円が加算され、3割負担の人なら120円増しになるので注意しましょう。

節約ポイント
緊急時を除いて、病院や薬局には時間外に駆け込まない。

医療費の節約術⑤

「スイッチOTC医薬品」で、税金が取り戻せる

世界保健機関（WHO）では、「セルフメディケーション」を勧めています。「セルフメディケーション」とは、「自分自身の健康に責任を持ち、軽度な身体の不調は自分で手当てすること」。

そのために国は、軽度な不調の場合には、すぐに病院に行くのではなく、市販薬を使用して症状を和《やわ》らげ、それでも治らないような場合には、医療機関等を受診するように勧めています。

そこで活躍するのが、「OTC医薬品」です。

OTCとは〝Over The Counter〟の略で、「OTC医薬品」とは、病院で医師の診察を受けたうえで処方してもらう「医療用医薬品」ではなく、薬局やドラッグ

ストアなどで、自分で選んで買うことができる「一般用医薬品」と「要指導医薬品」のことです。一般的には市販薬とも呼ばれます。

この市販薬のなかでも、「スイッチＯＴＣ医薬品」と呼ばれるものは、もともとは医療用だった薬を、副作用がなく安全性が高いので市販薬として販売できるように転用したものです。

正しい使い方を知ってから服用すること

「スイッチＯＴＣ医薬品」は、市販薬に転用されてから3年間は、対面で薬剤師の説明を受けてから購入しなくてはなりませんが、3年経てば、通常の市販薬と同様に自由に購入できます。

すべての市販薬は、２０１4年6月からインターネットでも買えるようになっていますが、**「スイッチＯＴＣ医薬品」も、市販薬扱いになって3年を過ぎて安全性が確認されればインターネットでも買えます。**

ただ、「スイッチOTC医薬品」は副作用はあまりないとされますが、薬の飲み合わせなど、正しく使わないと思わぬ健康障害が起きることもありますから、薬剤師の適切なアドバイスのもとに購入したほうがいいでしょう。

「医療費控除」のほうがお得になる場合も

「スイッチOTC医薬品」は、「セルフメディケーション税制」により、所得控除の対象になります。年間の購入額が1万2000円を超えたぶんが、医療費の控除対象（上限額は8万8000円）となっています。

一世帯で合算できるので、たとえば課税所得が400万円の人が、家族で「スイッチOTC医薬品」を年間2万円購入した場合、2万円から下限の1万2000円を引いた8000円が控除の対象となります。この場合、**確定申告をすれば、所得税1600円、住民税800円の合計2400円の税金が戻ってきます。**

ただし、**「セルフメディケーション税制」を使うと、通常の医療費控除は使えません。**１７６ページで紹介したように、「介護などもあって医療費控除対象の出費が多い」というような人は、医療費控除のほうが戻ってくる税金が多くなるかもしれないので、比較検討してみましょう。

この制度は、２０１７年から２０２１年12月31日までの5年間となっていましたが、制度がさらに5年延長され、スイッチＯＴＣ医薬品以外にも、税制対象となる商品の範囲が広がっています。

節約ポイント

「スイッチＯＴＣ医薬品」を服用して、セルフメディケーション税制を使うのも手。

医療費の節約術⑥

「リフィル処方箋」があれば、病院で長時間待たなくていい

「いつもの薬を出してもらうだけなのに、わざわざ病院に行って長時間待たされる。医者の診療はせいぜい3、4分なのに、診察料も払わなくてはならないなんて」

そんな経験をしている人はきっと多いはず（私もそうです）。

そんな方に朗報です。

病状が安定している人など、特定の条件を満たせば、わざわざ病院や診療所まで足を運ばなくても、1つの処方箋で最大3回まで薬を出してもらえる「リフィル処方箋」という制度ができました。

「リフィル」とは、詰め替え、補充用の品物という意味で、「リフィル処方箋」

は、医師が患者の病状等から、個別に適切と判断した期間で繰り返し3回まで使えますが、医師の判断によっては2回までのケースもあります。

病院に行く回数が激減する

高血圧など、薬を服用し続けなくてはいけない病気を患っていると、薬をもらうために、頻繁に病院に通わなくてはなりませんが、「いつもの薬」を出してもらうだけなのに長時間待たされるケースが多いです。

しかも、そのたびに再診料や処方箋料など様々な費用がかかり、遠くの病院なら交通費もバカになりません。

「リフィル処方箋」なら、たとえば30日分の処方箋を最大3回使用できるので、月1回薬をもらうために通院していた人は、3ヶ月ごとの診察で済みます。

ちなみに、「リフィル処方箋」の有効期限は12ヶ月ですが、初回の調剤は通常の処方箋と同じく、発行から4日以内となっています。

☑ 医師と薬剤師の連携が大切

症状が落ち着いている患者にとっては、時間とお金が節約できてうれしい処方箋ですが、医師に診てもらっていないという不安もあります。

でも、ご安心あれ。**病院に足を運ぶ回数は3回に1回でも、薬局には毎回薬を処方してもらうために行く必要があり、そこで薬剤師から毎回体調や服薬状況等を確認されます。**

リフィル処方箋での処方が適切ではないと判断された時には、薬剤師が処方医に連絡を取ることもあります。

医師に診てもらう代わりに、薬剤師が病状にも目配りしてくれることになるので、同じ薬局で処方してもらうのが基本ですが、薬局を変えたい場合は、必要な情報を新しい薬局に提供してもらったほうがいいでしょう。

医師にしても、たとえば毎月通院していた患者が3ヶ月に1回通院するようになると、収入も減ってしまいますから、「リフィル処方箋」を積極的に勧めてくれないケースもあるかもしれません。

医療費の増加を抑制するという目的もあってスタートしたこの制度、上手に利用することであなたの時間とお金を節約しましょう。

節約ポイント

病状が安定している持病の場合は「リフィル処方箋」を活用し、通院にかかる諸経費を節約する。

医療費の節約術⑦

介護で自己負担が増えても、戻ってくる

129ページで、一定額を超えたぶんの医療費が戻ってくる「高額療養費制度」について紹介しましたが、介護費用にも一定額以上の費用が払い戻される「**高額介護サービス費制度**」があります。

介護状況になった時、ほとんどの人は介護認定を受け、「公的介護保険」を使って介護サービスを受けます。

公的な介護保険の自己負担は1割〜3割です。たとえば、1割負担の人が1万円で訪問介護を利用したら、自己負担額は1000円です。しかし1000円といえども、介護サービスを受ける家族が複数いて、しかも頻繁に利用すれば、かなりの高額になっていく可能性があります。

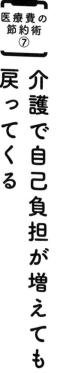

「高額介護サービス費制度」は、1ヶ月の自己負担額が一定額を超えたぶんは、申請すれば戻ってくる、かなりお得な制度なのです。

どれくらい戻ってくるかというと、個人の場合、自己負担したお金から、年収によって定まっている負担の上限額を差し引いた金額になります。

自己負担額が月４万円で、年金などの収入が80万円以下の人なら、４万円から負担の上限額１万５０００円を差し引いた２万５０００円が戻ってきます。

同じ条件で、年収４００万円くらいの人だと、負担の上限額が４万４４００円のため、お金は戻ってきません。

☑ 年収約770万円未満の人なら、自己負担は月4万4400円以下

「高額介護サービス費制度」では、医療費の「高額療養費制度」と同様に、同じ保険に加入していれば、一世帯でかかった介護費用を合算できます。

図5-3　高額介護サービス費の負担の上限額

	区　分	負担の上限額（月額）
新設	課税所得690万円（年収約1,160万円）以上	140,100円（世帯）
新設	課税所得380万円（年収約770万円） ～課税所得690万円（年収約1,160万円）未満	93,000円（世帯）
	市町村民税課税 ～課税所得380万円（年収約770万円）未満	44,400円（世帯）
	世帯の全員が市町村民税非課税	24,600円（世帯）
	前年の公的年金等収入金額+その他の合計所得金額の合計が80万円以下の方等	24,600円（世帯） 15,000円（個人）
	生活保護を受給している方等	15,000円（世帯）

厚生労働省HPをもとに作成

たとえば、夫が月6万円を自己負担し、妻が4万円を自己負担した場合、一世帯の自己負担額の合計は10万円です。

年金などの収入の合計が80万円以下の世帯なら、10万円から1万5000円を差し引いた8万5000円が戻りますし、年収の合計が400万円の世帯だと、上限の4万4400円を超えた5万5600円が戻ります。

「高額介護サービス費制度」は、2021年8月に改定されて、年収約770万円から約1160万円未満と、年収約1160万円以上の方の負担の上限額が引き上げられました。

ただ、収入が多いために「高額介護サービス費制度」で自己負担額が増えた人も、１８１ページで紹介する「高額介護合算療養費制度」を使えば、かなりの額が戻ってくるので、実際の負担額はそれほど高額にはなりません。

節約ポイント

自分（家族）の介護費を計算し、図５－３の負担の上限額を超える場合は、高額介護サービス費制度を利用する。

医療費の節約術⑧

医療費と介護費の合計が一定額を超えたぶんは戻ってくる

ここまでの説明で、次の2点をご理解いただけたかと思います。

①医療費が一定額を超えたぶんは「高額療養費制度」で戻ってくる（129ページ参照）

②介護費も、一般的な年収の世帯なら「高額介護サービス費制度」があり、自己負担額が多額になることはない（176ページ参照）

ただし、1ヶ月の費用ならともかく、年間を通しての負担となればかなりの出費になります。

たとえば、介護費用と医療費を合わせて月約8万円の自己負担だとしたら、年間

１００万円近い出費になるからです。

こうした負担を減らすために、**１年間（毎年8月1日〜翌年7月31日）にかかった医療費と介護費の自己負担額を合計して、一定の基準額を超えていたら、超えた額は申請すれば払い戻してもらえる「高額介護合算療養費制度」**があります。

この制度では、同じ保険に加入していれば、一世帯で１年間にかかった医療費と介護費を合算でき、一定額を超えたぶんを払い戻してもらえます。

年収および「70歳未満と70歳以上」によって、次ページの図５－４のように自己負担限度額は変わります。

年間２４００万円の出費が約60万円に！

夫69歳、妻65歳で、世帯年収が２００万円のケースで見てみましょう。

夫：医療費＝年32万円　介護費＝年７万円

妻：医療費＝年25万円　介護費＝年32万円

図5-4　高額介護合算療養費制度の自己負担限度額（年間、世帯）

	70歳以上※1	70歳未満※1
年収約1,160万円以上	212万円	212万円
年収770万～1,160万円	141万円	141万円
年収370万～770万円	67万円	67万円
年収156万～370万円	56万円	60万円
市町村民税世帯非課税	31万円	34万円
市町村民税世帯非課税（所得が一定以下）※2	19万円※3	34万円

※1　対象世帯に70～74歳と70歳未満が混在する場合、まず70～74歳の自己負担合算額に限度額を適用した後、残った負担額と70歳未満の自己負担合算額を合わせた額に限度額を適用

※2　被保険者とその扶養家族すべての方の収入から、必要経費・控除額を除いた後の所得がない場合

※3　介護サービス利用者が世帯内に複数いる場合は31万円

この夫婦の場合、同じ保険に加入しているので家族合算できますから、1年間の医療費と介護費の合計は96万円となります。

上の図5－4を見ていただくとわかるように、70歳未満で年収200万円なら、医療費と介護費の自己負担限度額は60万円。

つまり、96万円から60万円を差し引いた36万円は戻ってくるということです。

老後の医療費や介護費の心配をする人は多いですが、たとえば、夫婦で医療費と介護費がそれぞれ月100万円ずつ、年間で合わせて2400万円かかったとしても、

年齢や年収によっては自己負担が年に約60万円で済みます。
現行の制度がしっかり継続していれば、心配はいらないでしょう。

節約ポイント

夫婦合わせて医療費、介護費がどれだけかかっているか計算し、「高額介護合算療養費制度」を利用する。

医療費の節約術⑨

年収の一番高い家族が確定申告すれば、「医療費控除」でお得に

年間に一定額以上の医療費を払っている会社員は、確定申告をすれば、「医療費控除」で払った税金が戻ってきます。

「医療費控除」は、1世帯で年10万円以上（または年間所得の5％のいずれか少ないほう）**の保険対象の医療費を支払っている場合、確定申告によって超過額が課税所得から控除されます。**

「医療費控除」で得するには、家族の医療費をまとめて、年収の一番高い人が確定申告するようにしましょう。

また、**確定申告は5年間遡《さかのぼ》れます。**仮に2年前に大きな病気をして多額の医療費がかかったにもかかわらず「医療費控除」を確定申告していなければ、遡って申

請すればいいでしょう。

高齢者のおむつ代も「医療費控除」の対象

あまり知られていませんが、「医療費控除」は、**生計を一緒にしている親の介護費用も対象になります。**

たとえば、特別養護老人ホームや介護老人保健施設の利用料です。

また、在宅の介護サービスには、看護やリハビリテーションなどの「医療系サービス」と、介護や生活援助などの「福祉系サービス」がありますが、控除の対象となるのは主に「医療系サービス」です。医療系サービスと併せて福祉系サービスを受けている方は、両方とも控除対象になる場合もあります（次ページの図5－5）。

控除対象や控除になる割合などは複雑ですが、**領収書には控除の対象か対象外かが書かれていますし**、わからなかったらケアマネージャーや税務署に聞けば親切に

図5-5 「医療費控除」の対象になる介護サービスの一例

・訪問介護
・訪問入浴介護
・訪問看護
・訪問リハビリテーション
・居宅療養管理指導【医師等による管理・指導】
・通所介護【デイサービス】
・通所リハビリテーション【医療機関でのデイケア】
・短期入所生活介護【ショートステイ】
・短期入所療養介護【ショートステイ】
・認知対応型共同生活介護【認知性高齢者グループホーム】
・特定施設入所者生活介護【有料老人ホーム等】
・福祉用具貸与

国税庁HPをもとに作成

教えてくれます。

また、赤ちゃんのおむつ代は医療費控除の対象にはなりませんが、高齢者のおむつ代は、半年以上寝たきりで、医師が発行する「おむつ使用証明書」があると医療費控除の対象になります。

節約ポイント

デイサービスや訪問介護も「医療費控除」の対象になる。

医療費の節約術⑩

温泉、スポーツジム、整骨院も「医療費控除」の対象になる

前述のとおり、「医療費控除」の対象になるのは、病院で支払った診療費だけでなく、薬局で買った薬代なども含まれます。その他、対象になるかどうか紛《まぎ》らわしい場合は、以下を参考に判断してください。

▼おむつ代

○ 6ヶ月以上寝たきりの介護の場合、「おむつ使用証明書」があれば〇K
× 赤ちゃんのおむつ代は治療の一環ではないのでダメ

▼スパ（温泉利用型健康増進施設）の利用料

○ 医師の「温泉療養証明書」があれば〇K

× 温泉でくつろぐ目的ならダメ

▼フィットネスクラブ（指定運動療法施設）の利用料

○ 医師の「運動療法実施証明書」があればＯＫ

× 健康増進のために通うのはダメ

▼メガネの購入料金

○ 白内障《はくないしょう》の治療など、医師の「処方箋」があればＯＫ

× たんなる老眼対策ならダメ

▼歯の矯正《きょうせい》費用

○ 子供の発育上必要な歯の矯正費用はＯＫ

× 大人が美容整形を目的として矯正する費用はダメ

▼部屋代や食事代

○入院した時の病院での部屋代（治療のために個室での入院が必要とされた場合の差額ベッド代）や食事代（入院費に含まれるもの）は〇Ｋ

×家で具合が悪くて寝ている時の部屋代や食事代はダメ

▼病院に通うためのタクシー代

○公共交通機関が利用できない場合や、妊婦の破水など緊急を要する場合は〇Ｋ

×バスや電車に乗るのが面倒なのでタクシーを使うというのはダメ

▼薬局で買う薬

○風邪薬など、治療のための薬は〇Ｋ

×体力増進のための栄養ドリングやビダミン剤などはダメ

▼入院中に世話をしてくれる人に支払う料金

○ ヘルパーさんを雇う料金はOK

× 親族が世話をしてくれたので支払ったお礼はダメ

▼あんま、マッサージ、指圧、はり鍼灸《しんきゅう》の代金

○ 治療のために通う整骨院・接骨院代はOK

× 疲労回復、リセクゼーションのためのマッサージ代はダメ

そのほかに、整骨院、接骨院代について、「健康保険」が使える時と使えない時の判断基準を書き添えます。

整骨院や接骨院では、ホームページに「健康保険が使えます」などと書いているところもあります。

ただし、**治療のすべてに「健康保険証」が使えるわけではありません。打撲《だぼく》、ねんざ、肉離れ、骨折、脱臼《だっきゅう》など、負傷の原因がはっきりしている「外傷性の負傷」**

のみが対象となります。しかも、骨折や脱臼に関しては、応急措置として緊急に運び込まれたり、医師の同意があるケースに限られます。

肩こりや慢性疲労、筋肉痛などは、健康保険がきかず、全額自己負担になる可能性があります。心配な人は、健康保険の対象となるかどうかを事前に確認したほうがいいでしょう。

私の場合、「腰が痛い！」ということで、後先考えずに、近所の整骨院に駆け込んでしまい、保険がきかないことを後から知りました。ただ、**健康保険はききませんが、治療目的で通った代金については、「医療費控除」の対象となります。**

節約ポイント

接骨院や整骨院を利用する際は、その治療に保険が使えるかどうか、「医療費控除」に該当するかどうか、事前に確認する。

Column

健康で長生きすれば、相続税も減らせる！

お金に余裕のある方は、これからは長生きしないと、莫大《ばくだい》な相続税がかかってきそうです。

2022年12月16日、令和5年度与党税制改正大綱で、「相続税の課税強化」が打ち出されました（正式決定は2023年春頃を予定）。

注意すべきなのは「**暦年贈与**」です。

暦年贈与とは、「（1月1日から12月31日までの）年間110万円までの贈与には贈与税が発生しない」という仕組みを利用した贈与です。110万円までなら現金だけでなく、土地や建物といった不動産の贈与も対象となります。ただし、不動産の場合には登記などの手続きと費用がかかるので、あまり利用されていないようです。

図5-6　暦年贈与（現行）のイメージ

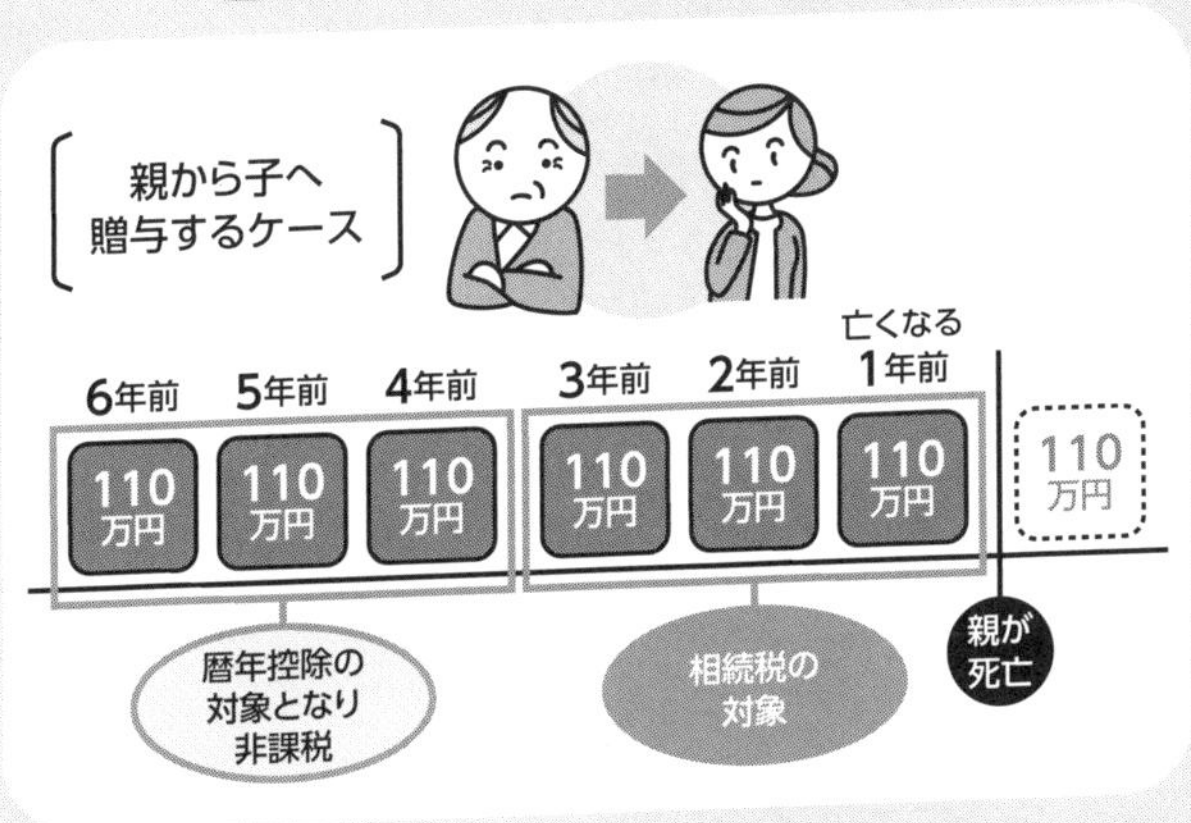

何にでも使えて手軽なのが、この「年間110万円」の基礎控除。子供や孫に財産を残すのに、便利に使っている人も多いでしょう。

年間で110万円なので、10年間なら1100万円、20年間なら2200万円と、長期的に使えば、かなりの額を非課税で贈与でき、そのぶん相続時の財産を減らせるため、「相続税対策」にもなります（ただし、一定の期間、一定の金額を贈与すると定期贈与とみなされ、贈与税がかかりますので、贈与の方法や金額については注意が必要です）。

▼「110万円の贈与税の基礎控除」が使えなくなる!?

2021年までは、この110万円までの基礎控除を縮小・廃止の議論が活発でした。「利用するなら今のうち……」と言われていたのですが、2022年になるとその話はほとんど聞かれなくなりました。

過日の発表では、今まで**「相続開始前3年以内の贈与財産は、相続税の対象となる」というルールを、7年に延長（3年以内に贈与により取得した財産以外の財産については、合計額から100万円を控除）しようとしています。**

つまり、今までは「贈与後3年以上生きていれば、相続財産に加算されない」とされていたのが、7年以上生きていないと相続税に加算される可能性が出てきたのです。

たとえば、70歳の人が年間110万円の贈与税の基礎控除の枠を使って10年間子供に贈与したとします。この方が、80歳で亡くなったとすると、今の制度なら3年分の330万円が課税対象となり、相続税率は10%の33万円です。

ところが、課税対象が「相続開始前の7年以内」となれば、4年分の

４４０万円から１００万円を控除した３４０万円がプラスされ、６７０万円に相続税がかかってくるので、相続税率10％の67万円を相続税として支払わなくてはならず、支払う税金は差し引き34万円も増えます。

ただし、**相続税には基礎控除があり、「３０００万円＋６００万円×法定相続人の数」までは非課税になります。**

子供が３人で相続する場合は、４８００万円までは非課税ですが、それを超えた財産がある場合は、贈与後7年以上生きていないと、贈与した金額が相続財産に加算されるという話です。

贈与税の基礎控除を使いたいのなら、できるだけ早く始めること、そして１年でも長く生きることがポイントになるのです。

おわりに　健康は三文以上の得

「1日の食費は500円に抑えよう」

「趣味やレジャーにお金を使うのはやめよう」

「クーラーや暖房はできるだけ使用しない」……。


世の中には様々な節約術が数多く存在します。

資源高などの影響による物価の上昇もあり、節約を始めた個人や家庭は多いと思います。無駄遣いを減らす行動、それ自体は素晴らしいことです。

では、お聞きします。


その節約、続いていますか？

あくまで個人的な意見ですが、過剰な節約は「生きがい」まで奪ってしまいかねません。

週末に家族で外食、サウナで仕事の疲れを発散、友人との「推《お》し活」など、いずれも人生に彩りを添えるスパイスにもなるでしょう。

なにより、そうした「無駄遣い」はストレス発散にもなります。

ストレスを溜《た》めすぎると、自律神経の働きやホルモンバランスにも悪影響が及び、体のあらゆる部分の「不調」につながります。

私のように、ストレスを解消しようとスナック菓子に手が伸びたら目も当てられません。そうして病気になり、入院したり、会社を休むことになったりしたら、どれくらいお金がかかるのかは、本書で述べたとおりです。

もちろん、イザという時に備えて「医療費の節約術」も本書でカバーしましたが、そもそも病気をせず、健康で長生きすることが一番の節約なのです。

5キロ痩《や》せて健康になり、1年長生きすれば、年金もそのぶんたくさんもらえるし、医療費もかからない。「健康ポイント」も貯まるし、保険料も安くなる。それだけでなく、相続税対策もできます。健康であれば三文どころか、四文、五文以上の得になるのです。

この本を読まれた皆さんなら、「5キロ痩せたら100万円」はすぐにクリアできるはず。ぜひ、その先の数値化できないほどの恩恵を享受《きょうじゅ》してください。

最後になりますが、本書の編集に携わっていただいたPHP研究所の大隅元《げん》編集長に深く感謝いたします。大隅編集長にこれまで担当いただいた拙著『年金だけでも暮らせます』『保険ぎらい』と本書で、「老後資産対策」はパーフェクト！と自信を持って言えます。ぜひ、他の2冊も併読してみてください。

それでは皆さん、素敵な人生、老後をお迎えくださいね。

PHP新書

PHP INTERFACE
https://www.php.co.jp/

荻原博子［おぎわら・ひろこ］

1954年、長野県生まれ。経済ジャーナリスト。大学卒業後、経済事務所勤務を経て独立。経済の仕組みを生活に根ざして解説する、家計経済のパイオニアとして活躍。著書に『年金だけでも暮らせます』『保険ぎらい』（ともにPHP新書）など多数。

5キロ痩せたら100万円

「健康」は最高の節約

（PHP新書 1339）

二〇二三年二月九日 第一版第一刷

著者——荻原博子
発行者——永田貴之
発行所——株式会社PHP研究所
東京本部——〒135-8137 江東区豊洲5-6-52
ビジネス・教養出版部 ☎03-3520-9615（編集）
普及部 ☎03-3520-9630（販売）
京都本部——〒601-8411 京都市南区西九条北ノ内町11
組版——yamano-ue
装幀者——芦澤泰偉＋児崎雅淑
印刷所——大日本印刷株式会社
製本所——東京美術紙工協業組合

ISBN978-4-569-85398-7

ＰＨＰ新書刊行にあたって

「繁栄を通じて平和と幸福を」（PEACE and HAPPINESS through PROSPERITY）の願いのもと、ＰＨＰ研究所が創設されて今年で五十周年を迎えます。その歩みは、日本人が先の戦争を乗り越え、並々ならぬ努力を続けて、今日の繁栄を築き上げてきた軌跡に重なります。

しかし、平和で豊かな生活を手にした現在、多くの日本人は、自分が何のために生きているのか、どのように生きていきたいのかを、見失いつつあるように思われます。そして、その間にも、日本国内や世界のみならず地球規模での大きな変化が日々生起し、解決すべき問題となって私たちのもとに押し寄せてきます。

このような時代に人生の確かな価値を見出し、生きる喜びに満ちあふれた社会を実現するために、いま何が求められているのでしょうか。それは、先達が培ってきた知恵を紡ぎ直すこと、その上で自分たち一人一人がおかれた現実と進むべき未来について丹念に考えていくこと以外にはありません。

その営みは、単なる知識に終わらない深い思索へ、そしてよく生きるための哲学への旅でもあります。弊所が創設五十周年を迎えましたのを機に、ＰＨＰ新書を創刊し、この新たな旅を読者と共に歩んでいきたいと思っています。多くの読者の共感と支援を心よりお願いいたします。

一九九六年十月

ＰＨＰ研究所